El archivo Hitler

LOS HECHOS ESENCIALES

卐

Para Gillian

El archivo Hitler

LOS HECHOS ESENCIALES

PATRICK DELAFORCE

Grupo Editorial Tomo, S. A. de C. V.,
Nicolás San Juan 1043,
03100, México, D. F.

1a. edición, septiembre 2010.

©   *The Hitler File*
    Copyright © Patrick Delaforce 2007
    Originalmente publicado en Gran Bretaña en 2007
    por Michael O'Mara Books Limited.
    9 Lion Yard, Tremadoc Road, Londres SW4 7NQ.

©   2010, Grupo Editorial Tomo, S.A. de C.V.
    Nicolás San Juan 1043, Col. Del Valle
    03100 México, D.F.
    Tels. 5575-6615, 5575-8701 y 5575-0186
    Fax. 5575-6695
    http://www.grupotomo.com.mx
    ISBN-13: 978-607-415-190-9
    Miembro de la Cámara Nacional
    de la Industria Editorial No. 2961

Traducción: Luigi Freda Eslava
Diseño de portada: Karla Silva
Formación tipográfica: Francisco Miguel M.
Supervisor de producción: Leonardo Figueroa

Este libro se publicó conforme al contrato establecido entre
Michael O'Mara Books Limited y *Grupo Editorial Tomo, S.A. de C.V.*

Impreso en México - *Printed in Mexico*

Introducción

UNO DE LOS MAYORES MISTERIOS del siglo veinte es cómo una colección variada de peleadores callejeros alemanes no muy inteligentes, dirigidos y dominados por completo por un hombre, pudieron tomar la mayor parte de Europa por la guerra brutal y amenazar al resto del mundo. Adolfo Hitler (1889-1945), un "inadaptado" y solitario austriaco, con escasa educación, sin genes familiares importantes y sin antecedentes políticos, creó el Tercer Reich de triste fama por pura determinación, confianza, fuerza de voluntad y suerte.

Mientras estaba en Landsberg en 1923-24, culpable de un intento prematuro y mal planeado por tomar el poder en Baviera, Hitler compuso una diatriba larga y aburrida a la que llamó *Mein Kampf* (*Mi lucha*); se vendieron siete millones de ejemplares. El libro le habló al mundo, entre otras cosas, de sus despiadados planes por tomar el poder, aplastar y apoderarse de gran parte de Europa y Rusia para conseguir *Lebensraum*, más espacio para vivir, para ochenta millones de alemanes.

Pero el mundo no prestó atención. Quienes lograron leer completas las páginas ampulosas de arrogante autojustificación pensaban de la misma manera o no podían imaginar que un agitador de treinta y cuatro años de edad en verdad se abriera camino al poder y a la larga causar más de cincuenta millones de muertes.

Aunque cuando estaba arruinado en Viena, sus sosas pinturas de acuarela eran vendidas por comerciantes judíos, y él mismo no estaba seguro si el padre de su padre era judío, Hitler formó una compulsión maníaca de destruir a todos los judíos en Alemania, de hecho, en Europa. Él y sus terribles seguidores, entre ellos Himmler, Goebbels, Heydrich y Eichmann, controlaron treinta centros de exterminio para poner en práctica la "Solución Final", la destrucción general del pueblo judío europeo. En *Mein Kampf*, Hitler exponía su creencia en la superioridad de las razas aria y nórdica, y la conspiración internacional de los judíos, de los que creía que estaban empleando incluso el bolchevismo, en particular el bolchevismo ruso, para lograr la dominación mundial.

El poder de su personalidad, impulso, fervor, voluntad de hierro, optimismo eterno y promesas de paz tuvieron un impacto enorme. A principios de la década de 1930, convenció a su Partido Nacionalsocialista Alemán de los Trabajadores (todos los demás partidos habían sido prohibidos) y a sus partidarios de que la nueva Alemania, la Alemania Nazi, bajo su liderato como Führer (líder) era grande, era fuerte y tenía un destino manifiesto, a pesar de que habrían sacrificios en el camino. En abril de 1939, Hitler escribió al presidente estadunidense Roosevelt, "tomé el mando de un estado que enfrentaba la ruina total [después de la república Weimar], gracias a su confianza en las promesas del resto del mundo... He terminado con el caos en Alemania, restablecido el orden y aumentado en gran medida la producción... He tenido éxito en encontrar trabajo útil para los siete millones de desempleados..."

Y es verdad que desde el punto de vista de la reforma social, era mucho lo que estaba bien... o al menos era benéfico para la población alemana (no judía). Existen muchos ejemplos de las reformas sociales de Hitler: enormes mejorías en las condiciones de los trabajadores, en el trabajo y en casa, leyes agrícolas benévolas, leyes para la reducción del desempleo, establecimiento de cámaras de cultura, construcción de carreteras, el Volkswagen, centros de recreación para los trabajadores, el movimiento "Fuerza por la Alegría" y cursos para días libres. Con Goebbels controlaba todos los medios de comunicación en Alemania y con su oratoria irresistible sencillamente le lavó el cerebro al pueblo alemán durante un periodo de doce años. Su gente lo consideraba el "Mesías", las mujeres alemanas lo adoraban y los hombres, incluyendo a otros líderes nazis, le tenían miedo.

Iba a ser odiado y temido en todo el mundo, y muchos lo considerarían la personificación del mal. Sus

creencias, sus políticas, sus acciones eran infames, horribles y, sí, malignas… pero como individuo, no se le
puede ver como alguien que inspire intimidación sino
como alguien repelente, ridículo, patético, pomposo, incluso irrisorio… además de odioso. Gran parte
de este libro está dedicado a los antecedentes y a los
pequeños detalles que componían a este individuo retorcido: la educación de Hitler, informes académicos,
maestros, cantar en el coro, el "solitario" sin hogar ni
recursos en Viena, su frustrada ambición de pintor, su
servicio en la Gran Guerra, sus pantalones cortos de
cuero, su *Kampf*, sus primeros esfuerzos burdos y
de principiante de postguerra a la política de demagogia, su lealtad a sus antiguos rufianes de la calle, sus
enamoramientos, los hombres y mujeres con quienes
se rodeó, incluyendo dos de las chicas Mitford y el duque y la duquesa de Windsor, su dieta, sus ojos azules,
las brutales tramas y conspiraciones ocasionales, y las
extrañas últimas semanas en el búnker bajo el jardín
de la cancillería del Reich en Berlín.

Hitler dijo una vez: "El ganador en la guerra es el
que comete la menor cantidad de errores y que tiene,
también, fe ciega en la victoria". Era arrogante e implacable… y con seguridad tenía fe ciega en la victoria
hasta los dramáticos sucesos en el búnker a finales de
abril de 1945 cuando los proyectiles rusos caían a su
alrededor y el final lo miraba directo a la cara.

Créditos de las ilustraciones

Página 188: David Low, *The Evening Standard*, 30 de mayo de 1941;

Página 228: David Low, *The Evening Standard*, 25 de agosto de 1944;

Página 251: David Low, *The Evening Standard*, 2 de enero de 1945.

Las siguientes imágenes se reproducen con el amable permiso de la Biblioteca Nacional de Gales, Aberystwyth y Solo Syndication/Associated Newspapers:

Página 157: Leslie Illingworth, *The Daily Mail*, 10 de noviembre de 1939;

Página 211: Leslie Illingworth, *The Daily Mail*, 10 de febrero de 1943.

Reconocimientos

Las citas de *Las conversaciones privadas de Hitler*, de François Genoud, editadas por Hugh Trevor-Roper, reproducidas con el amable permiso de Weidenfeld & Nicolson, división de Orion Publishing Group.

Los antecedentes de campesino

EL EMPERADOR FRANZ JOSEF había gobernado el todavía gran imperio Habsburgo por cuarenta años cuando nació Adolfo Hitler el 20 de abril de 1889, en el pequeño pueblo fronterizo de Braunau en el río Inn. La región entre el río Danubio y la frontera de Bohemia, conocida como Waldviertel, con aldeas como Spital, Walterschlag, Weitra, Dollersheim y Strones, ya desde el siglo quince producía familias llamadas Hüttler, Hiedler y Hitler. Tal vez de origen checo, el nombre con sus diferentes formas de pronunciarlo significa "minifundista", que es con exactitud lo que eran estas familias. Era una región pobre de colinas y bosques con una población campesina que a menudo se casaba con parientes, con un toque de incesto. Estaba muy alejada de las relucientes ciudades austriacas.

El padre pomposo y corpulento

POR DIVERSAS RAZONES en enero de 1877 un oficial del Servicio Imperial de Aduanas llamado Alois Schcklgruber (1837-1903) se cambió el nombre por Alois Hitler. Desde 1855 y por cuarenta años, Alois trabajó en diversos pueblos de la Alta Austria, incluyendo

Braunau. Las fotografías lo muestran corpulento y pomposo, en un uniforme elegante con brillantes botones, con la cara cauta de un funcionario menor del gobierno. Era un hombre extraño, antipático, que se casó tres veces y se mudó de casa once veces en veinticinco años. Adolfo era el tercer hijo del tercer matrimonio de Alois, con Klara Pölzi (1860-1907), la cual tenía veintitrés años menos de edad que su marido. Procedía de la aldea de Spital, donde se originaron los Hitler y era nieta de Johan Nepomuk Hiedler (1807-1888), en cuya casa Alois se crió cuando niño (su madre, Maria Schicklgruber, se había casado con el hermano de Hiedler, Johan Georg, cuando Alois tenía casi cinco años de edad).

La familia Hitler consistía en Alois y Klara, dos hijos de un matrimonio previo, Alois hijo y Angela, Adolfo, Edmund y la hermana Paula, además de cocinera y doncella, y la jorobada y malhumorada tía Johanna de Adolfo. Era una cómoda residencia de clase media; Alois, el funcionario provincial, era consciente de su nivel social, sin sentido del humor, ahorrativo, de muy mal genio, fumaba demasiado, bebía más bien demasiado y su principal pasión eran los apiarios. Un legado en 1889 de su tío Johan Nepomuk Hiedler le permitió comprar una propiedad en Spital. Cuando Alois se retiró en 1895 a la edad de cincuenta y ocho años, la familia se mudó a Hafeld-ma-Traun, luego a Lambach antes de establecerse en Leonding, a las afueras de Linz, con vista a los ríos Danubio y Traun. La ciudad de Linz se convirtió en el hogar "espiritual" de Adolfo Hitler.

El joven niño del coro

EN EL FAMOSO y antiguo monasterio benedictino de Lambach, Adolfo Hitler, de seis años de edad, sirvió como acolito y niño del coro, y recordaba "la oportunidad de intoxicarme con el solemne esplendor de los brillantes festivales de la iglesia". Más adelante, el domingo de Pentecostés de 1904, lo confirmaron en la catedral católica romana de Linz por deseo de su madre, Klara; esperaba que su hijo se volviera monje. Adolfo adoraba a su madre y cuando murió de cáncer el 21 de diciembre de 1907 quedó desolado y lloró amargamente.

"Una adolescencia muy dolorosa"

ADOLFO PASÓ CINCO AÑOS en la escuela primaria y en septiembre de 1900, a la edad de once años, entró al *Realschule* en Linz. Esta escuela secundaria entrenaba a los niños para una carrera técnica o comercial. En *Mein Kampf* escribió: "No quería convertirme en funcionario, no, y de nuevo no. Todo intento por parte de mi padre de inspirarme amor o placer en esta profesión mediante historias de su propia vida lograba exactamente lo contrario... un día me quedó claro que me convertiría en pintor, artista... mi padre por el momento se quedó sin habla… 'Artista, no, ¡nunca mientras yo viva!' Hitler escribió que fue "una adolescencia muy dolorosa".

El muy joven revolucionario político

CUANDO HITLER, a la edad de treinta y cuatro años, dictó *Mein Kampf* en la prisión de Landsberg, escribió de su vida y actividades escolares. Afirmó que su "hábito de pensamiento histórico que de esa manera aprendí en la escuela" y el estudio de "la historia del mundo" le dio "una fuente inagotable de comprensión… para la política". "Así, a corta edad me convertí en revolucionario político y revolucionario artístico a una edad igual de temprana". Cuando tenía doce años de edad, vio una presentación de *Wilhelm Tell* y, a los trece, su primera ópera, *Lohengrin*, de Wagner. "Mi entusiasmo juvenil por el maestro de Bayreuth no conocía límites".

El violento estudiante orador

En *Mein Kampf*, Hitler escribió: "Que jugara mucho al campo abierto, la larga caminata a la escuela y en particular mi asociación con chicos en extremo 'fornidos', lo que causaba a mi madre una amarga angustia, me hizo todo lo contrario de alguien que se queda en casa… incluso entonces mi talento para la oratoria se estaba desarrollando en forma de discusiones más o menos violentas con otros compañeros de escuela. Me había convertido en un pequeño cabecilla; en la escuela aprendía con facilidad y, en ese tiempo, muy bien, pero por lo demás era bastante difícil de manejar".

Sus calificaciones, en su mayor parte mediocres (ver páginas 17 y 18) no apoyan del todo esta afirmación.

Los maestros de Hitler

EL DOCTOR LEONARD PÖTSCH, entusiasta nacionalista alemán y concejal de la ciudad de Linz, enseñó historia al joven Adolfo Hitler en el *Realschule*, y produjo una profunda impresión en él. "En ocasiones nos sentábamos ahí, llenos de entusiasmo y a veces conmovidos hasta las lágrimas. El fervor nacionalista que sentíamos en nuestra forma pequeña, era empleado por él como instrumento en nuestra educación. Fue porque tuve un profesor así que la historia se convirtió en mi tema favorito". Es seguro que Hitler contó a sus compañeros de mesa docenas de bocados históricos… tenía una memoria sorprendente para trivialidades de todo tipo posible. Pötsch fue el único maestro por el que Hitler tenía algún respeto… de los otros pensaba que eran totales tiranos. "No tenían compasión por la juventud; su único objetivo era llenar nuestros cerebros y convertirnos en simios eruditos como ellos. Si algún alumno mostraba el más ligero resto de originalidad, lo acosaban incansablemente". El maestro de física, König, era un "verdadero tonto". Sus alumnos se divertían cruelmente del rechoncho pequeño sacerdote que enseñaba divinidad. El maestro de francés de Hitler tenía "una barba con olor rancio… un cuello… grasoso y amarillo por la suciedad, y en todos los aspectos era una criatura de lo más repelente… furioso porque no aprendí ni una palabra de francés".

Hitler el poeta (1)

Alojado con una familia en Steyr, en Austria, donde entonces estaba en la escuela, Hitler, de quince años de edad, pasaba gran parte de su tiempo dibujando, pintando y leyendo. También escribió un poema bastante desordenado, que ahora se encuentra en el Bundesarchiv Koblenz. No se pueden descifrar algunas de las palabras. Traducido, dice:

> La gente se sienta ahí en una casa ventilada
> llenándose con cerveza y vino
> comiendo y bebiendo llenos de éxtasis
> (-) fuera entonces a cuatro patas.
> Ahí escalan las cimas de las altas montañas
> (-) con caras llenas de orgullo
> y caen como acróbatas que dan volteretas
> y no pueden encontrar el equilibrio
> luego, tristes, vuelven a casa
> y olvidan por completo el tiempo
> luego ve (-), su esposa, pobre hombre,
> que cura sus lesiones buscando un buen escondite.

El pintor en ciernes ilustró su poema con un dibujo de un hombre al que golpeaba una mujer pechugona.

El joven belicista

"Hurgando en la biblioteca de mi padre, había encontrado diversos libros de naturaleza militar, entre ellos una edición popular de la Guerra Franco-Prusiana de 1870-71. Constaba de dos números de una publicación periódica ilustrada de esos años, que entonces se convirtió en mi material de lectura favorito", escribió Hitler en *Mein Kampf*. "No fue mucho después que la gran lucha heroica se volvió mi mayor experiencia interna. A partir de ese momento me entusiasmé cada vez más en todo lo que estuviera relacionado en alguna forma con la guerra o, ya que estamos en eso, con la actividad de los soldados". Así que la Guerra Franco-Prusiana dirigió al joven Adolfo a un largo, largo camino de aventuras militares. Tal vez fue entonces que nació su desprecio por Francia.

¡Educación, educación, educación!

Las calificaciones escolares de Hitler para el cuarto grado de la escuela en Steyr, expedidas el 16 de septiembre de 1905, dicen:

	PRIMER SEMESTRE	SEGUNDO SEMESTRE
Conducta moral	Satisfactorio	Satisfactorio
Diligencia	Inadecuado	Adecuado
Religión	Adecuado	Satisfactorio
Idioma alemán	Inadecuado	Adecuado
Geografía e Historia	Adecuado	Satisfactorio

Matemáticas	Inadecuado	Satisfactorio
Química	Adecuado	Adecuado
Física	Satisfactorio	Adecuado
Geometría	Adecuado	Adecuado
Dibujo a Mano	Loable	Excelente
Gimnasia	Excelente	Excelente
Taquigrafía	Inadecuado	–
Canto	–	Satisfactorio
Trabajo escrito	Insatisfactorio	Insatisfactorio

"Notoriamente irascible"

En diciembre de 1923, después del juicio de Hitler por su Putsch de Múnich de ese noviembre, el doctor Eduard Hümer, otro maestro del *Realschule*, dio esta descripción del joven estudiante: "Puedo recordar muy bien al joven delgado y demacrado… [él] tenía un claro talento, aunque en un campo estrecho. Pero carecía de autodisciplina, siendo notoriamente irascible, terco, arrogante y de mal genio. Era obvio que tenía dificultades para adaptarse a la escuela. Lo que es más, era perezoso. Su entusiasmo por el trabajo duro se evaporaba con demasiada rapidez. Reaccionaba con hostilidad mal oculta a consejos o reproches. Al mismo tiempo, exigía de sus compañeros de escuela una sumisión incondicional, imaginándose en el papel de líder".

"Totalmente al arte"

Cuando Hitler tenía dieciséis años, la madre viuda se mudó con la tía Johanna Pölzl y Paula, su hermana,

a un apartamento en Linz, que compartían con el soña-
dor inepto y arrogante, el cual se dedicó por un tiempo "totalmente al arte". Hizo bosquejos, pintó, trazó
planos para museos, un puente sobre el río Danubio,
teatros y, de hecho la total reconstrucción de Linz.
También tomó clases de piano… brevemente; se abu-
rrió. Se convirtió en un petimetre *boulevardier* con bas-
tón de punta de marfil, y visitaba conciertos, teatros,
un club musical, un club de biblioteca y un museo de
cera. Tenía un amigo, August Kubizek, conocido como
"Gustl", el cual era hijo de un decorador, pero que era
alguien que daba tumbos en la vida de un mundo de
sueños, y se describía como "solitario".

Hitler como dramaturgo

EN 1906 A HITLER, ocupado en no hacer mucho mientras estaba en Linz, se le permitió el uso de una biblioteca bien equipada propiedad del padre de un amigo
(un funcionario de gobierno). Descubrió los escritos
en prosa de Richard Wagner, incluyendo *Judíos en la
música* y *decadencia y regeneración*. También asistió a
una reunión para "personas físicamente separadas"
(ya que en Austria no existía el divorcio religioso ni
el civil), y se hizo miembro de esa organización. Estaba "embargado por una indignación virtuosa" al
escuchar de "hombres que eran modelos de ignomi-
nia y cuyas esposas, por ley, nunca podrían separar-
se de ellos", así que el joven Adolfo Hitler decidió
escribir una obra de teatro sobre el tema. "Como mi

escritura era ilegible, dicté la obra de teatro a mi hermana, recorriendo de un lado al otro mi habitación. La obra estaba dividida en gran cantidad de escenas. Mostré una imaginación elevada y ardiente. En ese tiempo tenía quince años de edad. Mi hermana me dijo: 'Sabes, Adolfo, no se puede representar tu obra de teatro'. No pude persuadirla de que estaba equivocada". Su hermanastra, Angela, "se puso en huelga y ése fue el final de mi obra maestra".

El artista frustrado

Hitler se esforzó por asistir a la Academia de Bellas Artes en Viena. Cuando se registró en la policía de Viena fue como "estudiante", luego como "pintor" y "estudiando para ser escritor". Para que lo admitieran en la escuela de pintura de la Academia tuvo que someter varios de sus dibujos. Si se les consideraba bastante buenos, entonces el candidato tenía que hacer un examen de dibujo, que tenía lugar todos los años en octubre. Se le negó la admisión en dos ocasiones.

1907-8

Ejercicios de composición en dibujo. Primer día: expulsión del paraíso, etc. Segundo día: episodio del diluvio, etc....

Los siguientes hicieron la prueba con resultados inadecuados, o no fueron admitidos: ... Adolfo Hitler, Braunau a. Inn, 20 de abril de 1889, alemán, católico. Padre, funcionario. 4 clases en Realschule. Pocas cabezas. Dibujo de prueba insatisfactorio.

Y en 1908

Los siguientes caballeros llevaron a cabo sus dibujos de prueba sin éxito o no fueron admitidos para la prueba…

Adolfo Hitler, Braunau a. Inn, 20 de abril de 1889, alemán, católico. Padre, funcionario. 4 en Realschule. No admitido para la prueba.

Los examinadores consideraron que los dibujos que había llevado para la valoración eran inadecuados… así que no hubo prueba. La versión de los eventos de Hitler fue que apeló y se le dijo que debía solicitar admisión a la Escuela de Arquitectura, pero como Hitler no tenía diploma de bachillerato, no podía hacer solicitud.

¿El huérfano empobrecido?

EL 29 DE NOVIEMBRE DE 1921, a la edad de treinta y un años, Hitler proporcionó una memoria de su vida temprana al archivista del NSDAP, el Partido Nazi: "Quedé huérfano sin padre ni madre a los diecisiete años de edad y sin apoyo financiero alguno. El efectivo total que tenía en el momento del viaje a Viena era de alrededor de 80 coronas. Por lo tanto, me vi obligado de inmediato a ganarme el sustento como trabajador común. Fui, ya que todavía no tenía dieciocho años, como ayudante de trabajador en empleos de construcción y en el transcurso de dos años experimenté casi todos los tipos de trabajo del obrero común con salario diario... Después de un esfuerzo indescriptible, logré educarme solo tan bien como pintor que, mediante esta actividad desde mi cumpleaños veinte, pude realizar este trabajo aunque escasamente al principio. Me convertí en dibujante y pintor de arquitectura y era prácticamente independiente para cuando tenía veintiún años de edad. En 1912, fui en esta calidad a Múnich".

Ésta era la versión algo romántica de Hitler. Se sabe que para ganar dinero, el joven Hitler movió nieve con pala del pavimento frente a la Sala de Ópera de Viena, y que trató de conseguir un trabajo de portero en la estación de ferrocarril Westbahnhof de Viena. Aunque pintaba de manera abundante, incluyendo paisajes con casas e iglesias, es seguro, sin embargo, que no calificaba como dibujante de arquitectura.

En el periodo 1907-9 gastó dinero en boletos de ópera, guantes de cabritilla y bastones de puño de marfil. En 1908, su tía Johanna le prestó 924 coronas y después de la muerte de su madre en diciembre de 1907, recibió otras 652 coronas; también recibía 25 coronas al mes de su pensión de orfandad. Por lo tanto, su ingreso *no ganado* era de alrededor de 80 coronas al mes... el equivalente al salario de un maestro de escuela joven. De manera que su pobreza genuinamente abyecta en el invierno de 1909-10 sólo se puede explicar por un presupuesto muy deficiente.

Indigente en Viena

Reinhold Hanisch fue un vagabundo que se convirtió en el único amigo de Hitler en la sala de beneficencia de Meidling, un barrio residencial de Viena. Hanisch más adelante recordaría a Hitler como un joven que usaba una levita; de debajo de un grasoso sombrero de hongo negro, su cabello colgaba sobre el cuello de su abrigo mientras una espesa mata de barba suave y sedosa rodeaba su mentón. Se mantendría cerca de los refugios nocturnos, viviendo del pan y la sopa que recibía ahí y discutiendo de política, a menudo entrando en discusiones acaloradas.

Hanisch estaba registrado, con el nombre falso de Fritz Walter, en un albergue para jóvenes en Meidling, un barrio residencial de Viena. Este albergue servía de refugio no sólo a trabajadores manuales, de oficina y a algunos artesanos, sino a los marginados de la sociedad: jugadores, prestamistas, pordioseros, empresarios en quiebra y oficiales dados de baja del ejército. Hanisch persuadió a Hitler para que se cambiara a ese lugar y también convenció al joven pintor apático para que en verdad trabajara en algo.

"Un placer con polvo Teddy"

Hitler y Hanisch entraron en sociedad al cincuenta por ciento cada uno. Hitler copiaba tarjetas postales y litografías de escenas vienesas, produciendo bosquejos y acuarelas, *a un promedio de uno por día*, que Hanisch vendía en las calles y bares de Viena por alrededor de 5 coronas cada uno. Hitler también produjo un cartel anunciando un tónico para el cabello, otro para una tienda de plumas para colchones y otro para un polvo antritranspirante que se vendía con el nombre de marca "Teddy". Otro más fue para un jabón de baño y mostraba una montaña de barras de jabón frente a la majestuosa catedral de San Stephan. Incluso si la pareja de casi indigentes no podían vestirse en forma apropiada, ya no pasaban frío y hambre.

A su debido tiempo, el artista sin talento se peleó con Hanisch respecto a una obra maestra helénica en suelo alemán, una pintura del edificio del Parlamento de Viena. Hitler pensaba que valía 50 coronas, Hanisch la vendió por 12; se produjo un altercado en que arrestaron a Hanisch y encontraron que no tenía papeles y que vivía con un nombre falso. Hitler entabló el procedimiento legal en su contra y en el juicio, el 11 de agosto de 1910, Hanisch fue sentenciado a siete días de cárcel.

Mientras tanto, Hitler, cuyo círculo de amigos, o al menos de conocidos, incluía gran cantidad de judíos, continuó vendiendo sus pinturas mediante un comerciante de arte húngaro llamado Josef Neumann, que además lo presentó a otros tres comerciantes.

Hitler el pintor (1)

DESPUÉS DE QUE HANISCH SE MARCHARA del albergue para hombres, Hitler pronto hizo amistad con Josef Greiner. Compartían intereses en pintura, música y lo oculto. La técnica de pintura de Hitler ya había mejorado sin ningún entrenamiento formal de arte. Tenía alguna habilidad natural y dominaba los estudios a lápiz y con carbón, era diestro como acuarelista de paisajes y de verdad en el óleo. Fue su red de comerciantes de arte judíos la que le compraba la mayor parte de su obra. Cuando se mudó de Viena a Múnich, se quedó con la familia Popp (ver más adelante) y siguió pintando, pero las ventas fueron menos exitosas... no había comerciantes de arte judíos. Continuó dibujando y pintando durante su periodo en el ejército en la Gran Guerra hasta que robaron sus pinturas y obras.

"Persona sin patria"

EL MÄNNERHEIM (hogar para hombres) en Meldmansträsse, en un barrio del norte de Viena, fue la morada de Hitler de febrero de 1910 a mayo de 1913. Su renta mensual en este respetable albergue para hombres era de 12 coronas. Su producción de pinturas se vendía a Josef Neumann, Samuel Morgenstern, un fabricante de marcos, Jacob Alternberg y a otros respetables comerciantes judíos. Un testigo del albergue describió a Hitler como "usaba una 'chamarra para bicicleta' de un color indefinido, un sombrero viejo, gris, suave al que faltaba la cinta, el cabello que bajaba hasta los hombros y una barba difícil de controlar. No tenía camisa, su abrigo estaba desgastado en los codos, las suelas de los zapatos estaban remendados con papel". En su cumpleaños veinticuatro, el 20 de abril de 1913, Hitler llegó a ser elegible para recibir su parte pendiente de la herencia de su padre. Con esta suma de 820 coronas se marchó de Viena a Múnich, donde se registró como "persona sin patria", describiéndose como escritor.

Chez señor Popp, el sastre

Hitler llegó a Múnich el 26 de mayo de 1913, con el legado de su padre para financiarlo. Rentó una habitación del señor Josef Popp, sastre en el Schleissheimerstrasse, en el barrio de artistas de Swabing, por sólo 20 marcos al mes. Mientras un amable señor Popp, un couturier bastante listo, subsidiaba su vestido, y mientras Hitler continuó pintando… vendiendo dos pinturas a Herr Heilmann, un agradable panadero local, por 10 a 20 marcos cada una, una pequeña pintura al óleo a un doctor Schirmer, que le encargó dos acuarelas, y a Herr Würsler, quien compró una pintura al óleo por 25 marcos, la vida mejoraba para él, y describió sus quince meses en Múnich como "el periodo más feliz y satisfactorio de mi vida".

El periodo cómodo y un poco provechoso llegó a su fin con el estallido de la Gran Guerra. El 16 de agosto de 1914, Hitler se alistó en el Primer Regimiento de Infantería Bávaro.

Hitler el pintor (2)

HITLER CONTINUÓ DIBUJANDO y haciendo esbozos de arquitectura, empleando lápices rojos y azules, hasta mediados de la década de 1930. Para entonces, por supuesto, ya no estaba vendiendo sus pinturas, sino más bien, otorgándolas. En sus memorias, Albert Speer, el arquitecto favorito de Hitler, hizo notar:

> Con unas cuantas palabras tímidas, me dio una de las acuarelas que había hecho en su juventud. Una iglesia gótica pintada en 1909, que está ejecutada con un estilo en extremo preciso, paciente y pedante. No se pueden sentir impulsos personales en ella; ninguna de las pinceladas tiene brío alguno. Pero no son sólo las pinceladas las que carecen de todo carácter; sino su elección del tema, los colores planos, la perspectiva convencional, la pintura parece un testigo sincero del periodo antiguo de Hitler. Todas sus acuarelas del mismo tiempo tienen esta cualidad e incluso las acuarelas que hizo mientras era ordenanza en la Primera Guerra Mundial carecen de distinción... Sin embargo, todavía consideraba lo bastante buenas

las modestas acuarelas de su juventud para rega-
larlas en ocasiones como una distinción especial.

Speer tenía estándares muy altos y era el único hombre
con cultura en la camarilla de Hitler, así que su valoración de las pintarrajeadas del Führer es esperada más
que condenatoria.

El primer amor de Hitler

EL PRIMER AMOR DE HITLER (aparte de su madre, que
lo mimó y a la que adoraba) fue Stefanie (o Stephanie)
Isak, una rubia alta que vivía en el mismo barrio de
Linz que él. Su apellido indicaba que bien podía ser
judía, pero que esto no lo molestaba en lo más míni-
mo. El don Juan de diecisiete años de edad le escribió
una serie de poemas románticos y, con su gran amigo,
Gustl Kubizek, se quedaba todos los días parado en la
calle esperándola para dar un paseo… por desgracia
acompañada por su madre. Por su parte, Stefanie apenas se daba cuenta de su existencia. Hitler le contó a
Gustl que deseaba secuestrar a la muchacha y fugarse
con ella; entonces, ya que ella seguía ignorándolo, planeó cometer suicidio saltando al río Danubio, lleván-
dose a ella con él. Stefanie tal vez nunca cruzó palabra
con Hitler, y a su debido tiempo, se casó con un soldado, el teniente Jansten.

Wieland el herrero

AUGUST KUBIZEK, amigo de la infancia de Hitler y estudiante de música, influyó mucho en él. Ideaban diseños arquitectónicos ambiciosos y visitaban juntos la ópera. Una de las primeras óperas de Wagner, *Rienzi*, sobre un humilde ciudadano romano medieval que se convirtió en líder de una ciudad, inspiró a Hitler a escribir dramas basados en las antiguas sagas germanas, además de una ópera llamada *Wieland el Herrero*, un pastiche wagneriano. Kubizek más tarde narró todas las aventuras que tuvieron juntos en su libro, *El joven Hitler que conocí*.

La gran guerra: "sin cualidades de liderazgo"

El 5 de febrero de 1914, Hitler apareció ante una junta de reclutamiento del ejército en Salzburgo, donde se sometió a un examen físico. El veredicto fue: "No apto para el servicio militar y auxiliar; demasiado débil. Incapaz de cargar armas". Volvió a Múnich, donde lo fotografiaron entre multitudes que aclamaban en el Odeosplatz, cuando se declaró la guerra el 1 de agosto. "Así mi corazón, como el de millones de otros, estaba lleno a rebosar de alegría orgullosa".

Tuvo éxito una petición que escribió al rey de Baviera, presentándose como voluntario para servir en un regimiento bávaro, a pesar de ser ciudadano austriaco y se unió al Decimosexto Regimiento de la Reserva

Bávara de Infantería, dirigida por el coronel Lizt, de lo que después escribió que fue "el mayor y más inolvidable tiempo de toda mi existencia terrenal". Emplearon al soldado raso de primera clase Hitler como corredor o mensajero (*Meldeganger*) entre el cuartel del regimiento y las tropas del frente. En diciembre de 1914, recibió la Cruz de Hierro de Segunda Clase, en mayo de 1918 se le otorgó un certificado del regimiento por valor y el 4 de agosto de 1918, la Cruz de Hierro de Primera Clase, que rara vez se daba a "otros rangos" muy jóvenes. Estas condecoraciones fueron recomendadas por el ayudante de campo del regimiento, el judío Hugo Gutmann, que más tarde informó "no pudimos descubrir cualidades de liderazgo en él". En octubre de 1916 lo hirieron ligeramente en Le Barque y lo enviaron al hospital de Beelitz, cerca de Berlín, donde estuvo en convalecencia por seis meses. Combatió con el regimiento de Lizst en Flandes, en las batallas de Arras, Chemin des Dames, Montdidier-Nyons, Soissons y Reims. En marzo de 1917 lo ascendieron a soldado de primera clase. En octubre de 1918, al sur de Ypres, estuvo bajo el fuego de granadas de gas británicas y, ciego temporalmente, lo enviaron de vuelta al hospital de Pasewalk en Pomerania, cerca de Stettin. Sus dos camaradas más cercanos eran Ernst Schmidt y Heinrich Bachman. Rudolf Hess también sirvió en el mismo regimiento. Hitler todavía era un "solitario", pero valiente y aplicado.

Hitler el poeta (2)

En la guerra de trincheras de 1915, Hitler escribió (traducido):

> A menudo salgo en noches frías
> al roble de Woden en los bosques silenciosos
> tejiendo una unión mediante el uso de poderes oscuros
> la Luna da forma a letras rúnicas con su hechizo mágico

"LÉENOS LAS PARTES DIVERTIDAS"

y todos los que están llenos de orgullo en las horas del día
¡Son humillados por su fórmula mágica!
Sacan sus espadas de brillante acero… pero en
lugar de pelear
se congelan como estalagmitas sólidas
así se separan las almas falsas de las verdaderas
me extiendo hacia un nido de palabras
y entrego presentes a los buenos y los justos
¡y mi fórmula les lleva bendiciones y riquezas!

Foxl: el perro de Hitler

EL SOLDADO DE PRIMERA CLASE ADOLFO HITLER, de servicio en la Gran Guerra en Fromelles, era dueño de un
perro llamado Foxl. "Era demente cómo quería a esa
bestia. Nadie me podía tocar sin que de inmediato Foxl
se pusiera furioso. Todos en las trincheras lo amaban.
Durante las marchas corría por todos lados a nuestro
alrededor, observando todo, sin perder nada. Solía
compartir todo con él. En las noches solía vivir junto
a mí".

El perro había aparecido en enero de 1915, per-
siguiendo una rata en la trinchera de Hitler. "Con
ejemplar paciencia (no comprendía ni una palabra de
alemán) gradualmente hice que se acostumbrara a mí".
Foxl era inglés, tal vez un fox terrier, y había vagado a
la tierra de nadie. "Le enseñé todo: cómo saltar obs-
táculos, cómo trepar una escalera y bajar de nuevo. El

aspecto esencial es que un perro siempre debe dormir junto a su dueño". Foxl lo siguió durante las batallas de Somme y Arras, pero al final, entre Colmar y Harpsheim, un empleado del ferrocarril lo robó.

Los bailarines de ballet de Tatterdemalion

"Cuando llegamos a la línea en 1916, al sur de Bapaume, el calor era intolerable. Mientras marchábamos por las calles no se podía ver ni una casa, ni un árbol; todo había sido destruido e incluso estaba quemado el césped. Era un verdadero desierto… El soldado tenía un afecto ilimitado por la tierra en que había derramado su sangre. Marchar por los caminos era una miseria para nuestros pobres y viejos soldados de infantería; una y otra vez nos hacían salir del camino los malditos artilleros y una y otra vez nos teníamos que zambullir en los pantanos para salvar nuestro pellejo". Hacia el final de la guerra, Hitler y sus camaradas tenían que cortar sus abrigos para hacer vendas para envolver sus pies. "¡Nos veíamos como un montón de bailarines de ballet de tatterdemalion!"

Hitler el comunista

Poco después del Armisticio el 21 de noviembre de 1918 que terminó la Gran Guerra, el soldado de primera clase Hitler dejó el hospital y volvió a Múnich. Las barracas a las que volvió eran dirigidas por consejos de

soldados. La República Soviética de Baviera, una mezcla revolucionaria de socialdemócratas y los radicales
socialdemócratas independientes, estaba encabezada
por Kurt Eisner (1867-1919). Un crítico teatral de Múnich, este periodista judío marxista y socialista del ala
izquierda extrema apeló a Hitler cuando coqueteaba
con el comunismo.

Como miembro de la Séptima Compañía, el Batallón de Primera Reserva del Segundo Regimiento de
Infantería Bávaro, hicieron a Hitler *Vertrauensmann* o
representante. Entre sus deberes estaba la cooperación
con el departamento de propaganda del revolucionario Partido Socialdemócrata Independiente de Alemania. El 13 de abril se había proclamado la *Räterepublik*
comunista y los concejos de soldados de Múnich se
mantuvieron leales a la "República Roja". Como Representante Suplente del Batallón, el soldado de primera
clase Hitler era partidario de una "república" comunista y muchos de sus amigos, "Sepp" Dietrich, Julius
Schreck, Herman Esser, Gottfried Feder y Balthaser
Brandmayer, también apoyaban el establecimiento de
una república. El 3 de mayo de 1919, el "Ejército Rojo"
fue salvajemente destruido y Múnich fue "liberado"
con una cuenta de muertos de 606 a manos del "Ejército Blanco" de tropas prusianas y de Württemberg. Sin
embargo, por un breve periodo, Hitler fue comunista.

Primera conspiración de Hitler

En marzo de 1920 diversos Freikorps, ejércitos privados compuestos por exsoldados, marcharon a Berlín para protestar contra la aceptación del gobierno del Tratado de Versalles. Se proclamó canciller a un periodista del ala derecha, Wolfgang Kapp, y los guerreros de Freikorps anunciaron el final del gobierno liberal de Weimar. Hitler deseaba un perfil más elevado para el Partido Alemán de los Trabajadores y con su amigo poeta Dietrich Eckart (1868-1923) visitó Berlín para unirse al putsch de Kapp. Al llegar, encontraron una huelga general de los trabajadores que protestaban contra Kapp, el cual se asustó y huyó. En Berlín, los dos aspirantes a conspiradores se reunieron con el general Ludendorff y Gustav von Kahr, el líder bávaro. Hitler pronunció uno de sus muchos discursos a la "División de Gimnasia y Deportes", que más adelante se convirtió en la más colorida SA (*Sturmabteilung*) bajo las órdenes del capitán Ernst Röhm. Por supuesto, se produjo un pandemonio y reyertas, arrestaron a Hitler por violar la paz y lo encarcelaron por cinco semanas. Su primer discurso público después de que lo liberaran fue un violento ataque a judíos, comunistas, socialdemócratas y mercados financieros. El muy peligroso agitador estaba en camino.

El "rey ametralladora"

Hitler se reunió por primera vez con Ernst Röhm
(1887-1934), un héroe de guerra duro, brutal y muy
condecorado, en 1920. Röhm había fundado la secreta
Sociedad del Puño de Hierro para militares radicales
del ala derecha, a los que Hitler se unió. Luego Röhm
persuadió a Hitler de investigar e infiltrar el Partido
Alemán de los Trabajadores (DAP). Impresionado por
la intensidad cruda de Hitler, Röhm se unió al DAP
(como estaba entonces) como el miembro 623. Ayudó
a financiar a Hitler y le presentó oficiales y políticos
influyentes de principios de la década de 1920. El apodo de Röhm era "el rey de la ametralladora" ya que
había "adquirido" cantidades de armas de diversos
grupos paramilitares. Bajo, con sobrepeso, cicatrices,
las mejillas sonrojadas, este oficial arrogante y belicoso se convirtió en un firme amigo de Hitler (aunque
Röhm era homosexual) y se llamaban uno al otro con
familiaridad como "du". En diciembre de 1920, Röhm
y Dietrich Eckart persuadieron al general Ritter von
Epp (1866-1947) para juntar 60,000 marcos de los fondos secretos del ejército para comprar el control del
periódico de la Sociedad Thule, *Völkischer Beobachter*
(el *Observador del pueblo*), como portavoz para el DAP.
(Fundada durante la guerra para el estudio de la literatura alemana, la Sociedad de Thule estaba dedicada
al misticismo extremo, lo oculto y el nacionalismo. La
swástica era uno de los símbolos místicos de la socie-

dad. Entre los miembros nazis de la Sociedad Thule estaban Eckart, Drexler, Frank Rosenberg y Hess.) Hitler y Röhm se mantuvieron como amigos íntimos en los años tormentosos de la lucha, 1921-23, y en 1932, Röhm se convirtió en jefe de la SA, que para 1934 alardeaba de 4,500,000 miembros.

El Partido Alemán de los Trabajadores

ANTON DREXLER, un idealista bávaro, en 1919 estableció un comité de trabajadores independientes, con una política antiextranjeros y antisemita. Fue el Partido Alemán de los Trabajadores. Hitler se unió el 12 de septiembre como el séptimo miembro del comité. Él, Drexler y Gottfried Feder (1883-1941) trazaron un programa de 25 puntos, que el comité adoptó el 1 de abril de 1920. El punto 1 requería la unión de todos los alemanes en una Gran Alemania, el punto 2 exigía la abrogación del Tratado de Versalles, mientras que el punto 4 exigía que se negaran puestos políticos o sociales a los judíos y que se expulsara a los que habían entrado al Reich después de agosto de 1914.

Éste fue el primer paso importante en la carrera de Hitler; en 1921, asumió el liderazgo del partido y se dejó de lado a Drexler por completo. Bajo el control de Hitler, el partido se convirtió en el NSDAP, *Nationalsozialistische Deutsche Arbeiterpartei* (Partido Nacionalsocialista Alemán de los Trabajadores) o en forma más simple, el Partido Nazi. Fue la primera etapa importante en la transformación de Hitler de un exsoldado desempleado a un instigador político naciente. También fue el momento terrible en su vida en que el virus del antisemitismo se apoderaría de él y nunca lo dejaría. (Por supuesto, el mito de que durante su convalecencia en el hospital en 1919, Hitler tuvo visiones de conspiraciones "judías-bolcheviques" es, por supuesto, una tontería.)

Sturmabteilung (SA)

La llamada División de Gimnasia y Deportes, una organización paramilitar fundada en apariencia para mantener el orden, había reclutado exmilitares y ex-Freikorps y al principio estaba bajo el mando de Ernst Röhm. Para empezar, eran empleados para provocar problemas y desbaratar las reuniones de otros partidos, en particular las de los comunistas. Emil Maurice (el ayuda de cámara de Hitler) y Johann Klintzsch eran miembros clave. El 5 de octubre de 1921, se convirtió oficialmente en *Sturmabteilung* (SA o "Sección Tormenta" del Movimiento Nacionalsocialista). En 1921 y 1922, Hitler envió a actuar a la SA en Múnich y Coburgo.

Para Hitler, la SA tenía básicamente una función política, ser un instrumento de intimidación política, pero con *condottieri* independientes y brutales como Röhm, Heines y Joachim von Heydebreck entre sus filas, era difícil de controlar.

Dos oficiales clave en la SA conforme crecía con rapidez fueron Rudolf Hess, que había servido con Hitler en la guerra, y Hermann Göring, el arrogante, bullicioso pero valiente exmiembro del Escuadrón de Combate Richthofen, del que Hitler escribió: "Me gustaba [Göring]. Yo lo hice jefe de mi SA. Es el único de sus jefes que dirigió la SA en forma apropiada. Le di una multitud desaliñada. En poco tiempo había organizado una división de once mil hombres".

La esposa del pianista (1)

DIETRICH ECKART, poeta, ocultista y amigo íntimo, fue responsable de la admisión de Hitler en la sociedad bávara. También aconsejó a Hitler mantenerse soltero con el fin de atraer el apoyo de las mujeres al Partido Nazi. Hélène Bechstein, que estaba casada con el famoso fabricante de pianos de ese apellido, introdujo a Hitler entre muchas mujeres de la sociedad.

Hitler también conoció a Ernst ("Putzi") Hanfstängl (1887-1976), quien se convirtió en su "pianista". El hijo educado en Harvard de comerciantes de arte ricos de Múnich, Putzi era más bien un payaso, alto, excéntrico, incoherente y muy nervioso, era popular entre los periodistas extranjeros. La esposa de Putzi era una estadunidense sorprendentemente bella, una morena muy atractiva, y otra Hélène. En el libro de Putzi, *Hitler: los años faltantes*, Hélène Hanfstängl admitió que Hitler se sintió atraído hacia ella, pero que no le respondió y que pensaba que él no estaba interesado en el sexo en absoluto. Sin embargo, Hitler se armó de valor y, para sorpresa de ella, pidió a Hélène, una mujer casada, que compartiera su vida con él. Ella se negó y le dijo que él debía casarse. Con tristeza le explicó que el matrimonio no era una opción para él: estaba dedicado a su país. Hitler continuó siendo buen amigo con el pianista y su esposa algunos años más.

Ser adecuado para la sociedad

Frau Hélène Bechstein y Frau Elsa Bruckmann, otra anfitriona rica de Múnich, compitieron para enseñar al ingenuo y torpe Adolfo Hitler el arte del *salonfähig*, ser adecuado para las reuniones sociales. Reemplazaron su barato traje de sarga azul con trajes confeccionados, chaquetas para cenar bien cortadas, sombreros más elegantes y zapatos de piel hechos a mano a su costa. Y le enseñaron las diversas categorías de besar la mano (al parecer, cinco en la Múnich de la década de 1920), cómo quitar las espinas a una trucha, comer una alcachofa y manejar una langosta. Por supuesto, Hitler deseaba su patrocinio y sus contribuciones financieras a los fondos del partido, y persuadirlas para unirse al NSDAP.

Sieg Heil y el *Libro de cantos de Hitler*

Putzi Hanfstängl visitó el modesto departamento de Hitler, se dio cuenta de un antiguo y desgastado piano en el vestíbulo y casualmente tocó un preludio de Bach. Entonces Hitler le preguntó si sabía algo de Wagner. Así que Putzi tocó extractos de *Die Meistersinger von Nürnberg*, para sorpresa y emoción de Hitler, y dijo: "Debes tocar para mí a menudo. No hay nada como eso para ponerme en sintonía antes de que tenga que enfrentar al público". Después de eso, Putzi, que era un buen pianista con un repertorio extenso, a menudo tocaría por dos horas sin parar. Recordó: "Debo haber tocado *Tristán e Isolda* cientos de veces y él nunca parecía tener suficiente. Le hacía bien en lo físico. La música daba a Hitler la relajación que buscaba". En 1924, Putzi publicó un *Libro de cantos de Hitler*, que incluía títulos como: "Hitler Lied" ("Canción de Hitler"), "Deutsche Voran" ("Los Alemanes Primero") y "Die Hitler-Medizin" ("Medicina de Hitler"). Putzi sabía cómo componer melodías y canciones pegajosas que iban bien en los mítines del Partido Nazi... era, de hecho, el músico de la corte de Hitler. Fue el tiempo que Putzi pasó en la universidad de Harvard, dijo, lo que lo llevó a hacer la sugerencia de que los nazis debían emplear música al estilo de las universidades estadunidenses en los mítines políticos para emocionar a las multitudes, en contraste con la gris respetabilidad de los otros partidos. En noviembre de 1922, poco después de reunirse con Hitler, Putzi afirmó que el cántico de "Sieg Heil" y los movimientos del brazo que lo acompañan que se convirtieron en una característica de los mítines nazis son una copia

directa de la técnica empleada por las porristas de futbol americano que había enseñado a Hitler.

Amann y el rentable Eher Verlag

Hitler se hizo amigo de algunos de sus camaradas
de los cuatro años de militar en el frente con el Primer Regimiento de Infantería Bávaro. No el teniente
judío Hugo Gutmann, que recomendó a Hitler para
la Cruz de Hierro de Primera Clase, sino el teniente
Fritz Wiedemann, quien se convirtió en su ayudante
de campo en 1935-9, y con total seguridad con el duro
Max Amann (1891-1957), su sargento, quien se convirtió en su agente literario, editor y asesor financiero. El
17 de diciembre de 1920, el control de Eher Verlag,
el editor del *Völkischer Beobachter*, un periódico bastante
venido a menos que se imprimía dos veces a la semana
con una circulación de 7,000, pasó a Anton Drexler, el
presidente nominal del *Deutsche Arbeiterpartei* (DAP).
En los siguientes años, Hitler y Amann, con ayuda del
impresor Adolf Müller, partidario nazi, y un "préstamo" de mil dólares de Hanfstängl, invirtió el periódico para convertirse en un diario con el formato "estadunidense" de 52 por 48 centímetros, con 16 páginas;
para 1923, su circulación estaba entre 20,000 y 30,000
ejemplares. Hitler mostraba toda la apariencia de ser
su nuevo dueño y se convirtió en *el* periódico nazi.
Bajo la astuta dirección de Amann, el periódico pagó todas sus deudas y se volvió muy rentable. Para

1933, todavía era un periódico de Múnich y tenía una circulación de 127,000. Ese año hubo ediciones impresas de manera simultánea en Berlín y Viena. Para 1941, había alcanzado 1,200,000 y recibió enormes ganancias por publicidad. Amann y Hitler ganaron inmensas sumas y el primero envió la parte de Hitler a Suiza y Holanda.

Fotógrafo y bufón de la corte de Hitler

Heinrich Hoffman (1885-1957) era el hijo de un exitoso fotógrafo y aprendió su oficio en el negocio de su padre. En la Gran Guerra sirvió como fotógrafo en el Ejército Bávaro y publicó su primer libro de fotografías en 1919, de donde ganó mucho dinero; dos años más tarde se convirtió en el fotógrafo personal de Hitler. Hoffman, y su familia en Múnich, introdujeron a Hitler en sociedad y lo alentaron en su colección de arte. Mediante Hoffman, Hitler también conoció al doctor Theodor Morell (1890-1948), quien por nueve años lo trató con diversas "curas" excéntricas, y Eva Braun, que trabajaba en el estudio de Hoffman.

"Conozco a tres personas que cuando están juntas, nunca dejan de reír. Son Hoffmann, Amann y Goebbels… le tengo mucho cariño a Hoffman. Es un hombre que siempre se burla de mí. Es un humorista 'deliberadamente inexpresivo' y nunca deja de encontrar una víctima", Hitler declaró a sus alegres compañeros de cena en febrero de 1942. El experiodista nazi

Kurt Lüdecke, escribiendo en 1938, después de que huyó de Alemania, hizo notar: "Hoffman era un compañero ideal, gracioso y divertido, un buen contador de historias con gran cantidad de lo que los alemanes llaman 'inteligencia innata'. En Haus Wachenfeld, se dice que Kannenberg con su acordeón y Hoffmann eran un equipo que podía hacer que Hitler se desternillara de risa. Encuentro mucho sentido común detrás de la máscara del bufón y teníamos un momento juguetón".

Hoffmann fue elegido para el Reichstag en 1933, lo hicieron profesor y ganó una fortuna por las ventas de una serie de excelentes fotografías. También publicó un libro de fotografías tomadas por Eva Braun y su hermana.

El as del aire

HERMANN GÖRING (1893-1946) nació en Rosenheim, Baviera en una familia de nobleza menor. Peleó en la Gran Guerra, al principio en la infantería y luego como brillante piloto de combate. Se volvió un héroe, logró veintidós victorias, ganó la medalla "Pour le Mérite" y dirigió el famoso escuadrón Richthofen. Después de la guerra voló un monoplano Fokker en exhibiciones aéreas y como un gallardo teniente de veintiséis años de edad conoció a su esposa, Karin, que tenía cinco años más que él. Asistió a la universidad de Múnich para estudiar ciencia política e historia. En una demostración en masa en Königsplatz, en noviembre de 1922, conoció por primera vez a Hitler, intenso, pálido, con un pequeño bigote, sombrero de lado y llevando un látigo para perro. Pronto, en la "corte" vespertina de los lunes en el café Neumaier, Göring y Karin estaban escuchando a Hitler en su mesa normal. Una frase impresionó a Göring con fuerza, era inútil, dijo Hitler, hacer amenazas y protestas vacías sobre el Tratado de Paz de Versalles y la extradición de los comandantes del ejército alemán: "Debes tener bayonetas para respaldar las amenazas". Al día siguiente, Göring, después de consultar con Karin, ofreció sus servicios a Hitler, quien quedó feliz. "¡Espléndido, un as de la guerra con el 'Pour le Mérite', imagínalo! ¡Excelente propaganda! Lo que es más, él tiene dinero y no me cuesta un centavo". Dijo todo esto a su partidario Kurt Lüdecke. En compensación, Hitler "prometió" a Göring que se volvería líder del Reich.

La multitud desaliñada

GÖRING Y SU ESPOSA compraron una villa con muebles elegantes en Obermenzing, un barrio de moda de Múnich, en su mayor parte con el dinero de ella. Hitler se convirtió en un huésped frecuente, llegando tarde en la noche y escuchando las baladas de canto de Göring, arias de ópera y canciones populares en un barítono bastante bueno. El grupo de Hitler en 1923 reservaba una mesa grande, su *Stammtisch*, en la taberna Bratwurstglöckel en el corazón del viejo Múnich. En el mitin de Pascua para la SA Hitler empleó el hermoso Mercedes-Benz 16 de 25 caballos de fuerza de Göring como base para saludar y, según informes, ¡en el mismo mitin se vio a Göring dando dinero suelto a Hitler! Sin embargo, su relación nunca fue íntima, siempre "sie", nunca "du".

En ese tiempo, la SA era un club mal organizado de exFreikorps, peleadores callejeros y matones, que empleaban armas como manoplas de bronce, porras de hule, patas de silla, botellas de cerveza, en ocasiones pistolas y bombas caseras. Alemania estaba en un estado terrible. Había alrededor de cincuenta organizaciones, casi partidos, de veteranos de la Gran Guerra, que a menudo luchaban unas con otras. Al principio de 1923, el marco tenía un valor de 7,000 por dólar de Estados Unidos. Para el final del año había llegado a un millón, luego a miles de millones y al final a miles de billones de marcos por dólar. El gobierno se negó a detener el proceso de impresión y dar equilibrio al presupuesto nacional. Fue un tiempo ideal para Hitler y su primer mitin del Partido del Reich tuvo lugar con 6,000 "soldados de asalto" en Múnich en enero de 1923.

Du

EN ALEMANIA, a los amigos íntimos se les llamaba "du" (el equivalente del francés "tu"). Albert Speer, un dedicado vigilante de Hitler, y Rudolf Hess, amigo de Hitler, acordaron que sólo habría cinco personas que pudieran llamar "du" a Hitler:

Dietrich Eckart, poeta nacionalista (1868-1923) y amigo antiguo de Hitler, cuyo "Canto de la Tormenta" ("¡Alemania despierta! Rompe tus cadenas") era una canción de marcha favorita. Era alcohólico y cuando murió a la edad de cincuenta y cinco años, Hitler recordó: "Brilló ante nuestros ojos como la estrella polar".

Herman Esser, secretario de Estado para Turismo (1900-81), fue cofundador de Partido Alemán de los Trabajadores, joven exsoldado, orador y periodista sensacionalista que escribía para el *Völkisher Beobachter*. También era un perseguidor de judíos y un matón libidinoso, grosero y ruidoso. Uno de los primeros veneradores, fue el primero en llamar a Hitler "Führer" en público. Sin embargo, en 1933 Esser fue degradado al formal "sie".

Christian Weber, un antiguo comerciante de caballos, que blandía un látigo para perros y peleaba con comunistas, lo bastante imprudente para burlarse de *Mein Kampf* ante su autor. A partir de entonces Hitler lo evitó.

Julius Streicher, un cabeza rapada, veterano de la guerra que odiaba a los judíos, y Ernst Röhm eran los restantes "amigos íntimos" pero, de hecho, Hitler trataba a Streicher en forma impersonal y más adelante lo degradó a "sie", mientras Röhm fue asesinado por órdenes de Hitler.

"Hitler es Alemania, Alemania es Hitler"

Rudolf Hess (1894-1987) sirvió en el mismo regimiento bávaro que Hitler en la Gran Guerra, un oficial joven valiente, disciplinado e intensamente patriótico. Herido en 1917, se transfirió al Servicio Aéreo Militar Alemán Imperial y después de la guerra se unió a la Sociedad Thule. En 1919, Hess se unió al Freikorps de Epp y demostró ser un brutal e imprudente combatiente callejero. En mayo de 1920 escuchó a Hitler hablar en una reunión del DAP en Múnich y volvió a decir a su futura esposa, Ilse Pröhl, "Un hombre... he escuchado a un hombre: es desconocido, he olvidado su nombre. Pero si alguien nos puede liberar de Versalles, es este hombre. ¡Este desconocido restaurará nuestro honor!" Como miembro del nuevo Partido Nacionalsocialista Alemán de los Trabajadores, Hess pronto se convirtió en un asociado íntimo de Hitler y en 1921 formó una tropa SA de 100 elementos de entre sus compañeros estudiantes de Múnich. Antes de que pasara mucho tiempo era el confidente más íntimo y de confianza de Hitler, ganándose los apodos de "Fraülein Hess" o "Frau Hitler" (aunque era ferozmente heterosexual), y protegiendo con feroz celo los intereses de Hitler. El perfecto trabajador anónimo, controlaba la organización del NSDAP, deleitándose con los uniformes nazis, los desfiles y las bandas. También podía impartir poderosos discursos demagogos. Para 1932 era SS Obergruppenführer y presidente de la Comisión Política Central del Partido Nazi, y Hitler lo nombró para seguir a Göring en la sucesión del liderato. Un hombre alto, de mirada sombría, intensamente orgulloso, ardía con un fervor religioso por su líder y creía que "Hitler es Alemania, Alemania es Hitler".

El "esqueleto sin acolchonar" y pantalones cortos de cuero

FRIEDELIND WAGNER, la nieta del compositor, recordó al joven Hitler "en pantalones de montar bávaros de cuero, calcetines cortos y gruesos de lana, camisa a cuadros azules y rojos y una chamarra azul corta que hacían bolsas sobre su esqueleto sin acolchonar. Sus pómulos afilados sobresalían de las mejillas hundidas y pálidas y sobre ellos estaba un par de ojos azules extrañamente brillantes. Tenía un aire de estar medio muerto de hambre, pero también algo más, una mirada que parecía fanática". Poseía un traje azul decente y, algo bastante sorprendente, un esmoquin y frac con el cual ir a la ópera. Antes de que se volviera famoso estaba muy apegado a los pantalones cortos de estilo bávaro. "La ropa más sana, sin duda alguna, son los pantalones cortos de cuero, zapatos y calcetines. Tener que cambiarme a pantalones largos siempre es un sufrimiento para mí. Incluso con una temperatura de diez bajo cero solía andar con pantalones cortos de cuero. La sensación de libertad que dan es maravillosa. Abandonar mis pantalones cortos fue uno de los mayores sacrificios que tuve que hacer. Sólo lo hice por el bien de Alemania del Norte... Gran cantidad de jóvenes de la actualidad [agosto de 1942] usa pantalones cortos todo el año... ¡En el futuro deberé tener una Brigada de Tierras Altas de las SS con pantalones cortos de cuero!"

Sin embargo, después de que Hitler se convirtió en canciller en 1933, rara vez, o tal vez nunca, lo fotografiaron con pantalones cortos de cuero... no eran adecuados para un Führer.

La esposa del pianista (2)

HÉLÈNE HANFSTÄNGL recordó cómo conoció a Hitler, en 1922: "En ese tiempo era un hombre delgado y tímido con mirada distante en sus ojos tan azules. Estaba vestido casi pobremente... camisa blanca barata, corbata negra, traje azul oscuro desgastado, con el que usaba un chaleco de piel café oscura incongruente, un impermeable de color beige, demasiado desgastado, zapatos negros baratos y un sombrero grisáceo oscuro y suave. Su apariencia era bastante patética". Hitler estaba perdidamente enamorado de ella. Una vez se puso de rodillas frente a ella para proclamar su amor y por muchos años le envió flores en su cumpleaños. Era amable con el joven Egon, hijo de ella, y después de que llegó a canciller en 1933 los invitó a ambos a quedarse en Haus Wachenfeld, antes de que se convirtiera en Berghof. Egon, entonces de doce años de edad, admiraba la colección de Hitler de sesenta y cuatro novelas del Salvaje Oeste por Karl May. Hitler hablaba con Egon de automóviles, motores, el tamaño y desempeño de diversos barcos, y de asuntos técnicos de interés para un niño pequeño. Cuando Hélène se divorció por fin de Putzi en 1936, se dice que Hitler estaba satisfecho… Putzi había perdido su favor. Ella escapó de Alemania en 1938 y volvió a su país de origen, Estados Unidos.

El diálogo del bigote

El pequeño bigote negro de Adolfo Hitler y Charlie Chaplin debió ser el más famoso en el mundo a mediados del siglo veinte. En el dialecto de Múnich y

"¡DEJEN QUE DECIDA EL PUEBLO ALEMÁN!"

Baviera se llamaba a ese tipo de bigote *Rotzbremse,* ¡o "freno para mocos"! Putzi Hanfstängl le dijo a Hitler poco después de conocerlo que debía hacer crecer su bigote en toda la boca: "Mira los retratos de Holbein y Van Dyck; los viejos maestros nunca hubieran soñado en una moda tan horrible". A lo que Hitler contestó: "No te preocupes por mi bigote. Si no está de moda ahora, lo estará más adelante ya que yo lo uso". Y así resultó ser.

Etapa 1 del Putsch de Múnich

Inspirado por la exitosa "marcha en Roma" de Mussolini en 1922, su toma del poder del estado italiano, Hitler, de treinta y cuatro años de edad, decidió en otoño de 1923 que con la inflación disparada la economía alemana estaba a punto de colapsarse. Un putsch exitoso que se apoderara del control de Baviera con una poderosa fuerza en su mayor parte de SA bajo el mando de Hermann Göring y el *Reichskriegsflagge* (el brazo paramilitar del Partido Nazi) de Ernest Röhm empezando en Múnich podría destruir al gobierno bávaro. El jueves 8 de noviembre un fanático Hitler en un abrigo largo y negro dirigió una muchedumbre variada de hombres armados de la SA que entró por la fuerza en el Bürgerbräukeller de Múnich. Subió de un salto a una silla, disparó su pistola hacia arriba y gritó: "Acaba de empezar una revolución nacional en

Múnich. En este momento toda la ciudad está ocupada por nuestras tropas. La sala está rodeada por 600 hombres". Por supuesto, nada de esto era cierto.

Los hombres de Röhm al mismo tiempo habían rodeado el ministerio de Guerra. Heinrich Himmler, como portaestandarte de Röhm, posó dramáticamente para los fotógrafos de la prensa. Hitler tomó a Gustav von Kahr, comisionado del Estado Bávaro, y al coronel Hans von Seisser, jefe de la Policía Estatal Bávara, como prisioneros y luego les prometió trabajos de alto nivel en su "nueva" Alemania bajo el mando del general Erich Ludendorff. Dio un discurso notable a la muchedumbre política de la bodega de cerveza, luego esperó a que llegara Ludendorff. Ludendorff se quedó algo sorprendido, pero permitió que Hitler lo convenciera de que éste era el camino a seguir y a instancias de Hitler persuadió entonces a Kahr, von Lossow y Seisser para que estuvieran de acuerdo en unirse al putsch. ¡Todo bien hasta el momento!

Etapa 2 del Putsch de Múnich

La clave de la mayoría de los putsches políticos es asegurar el control del sistema de comunicaciones. Por supuesto, Hitler, Göring y Röhm eran principiantes… y no controlaron la central de teléfonos y las líneas. Ése fue su primer error. El segundo error fue confiar en Kahr y Lossow, quienes rompieron su promesa de unirse a los conspiradores. Esa noche Ludendorff les permitió marcharse; Hitler quedó estupefacto al descubrir que sus rehenes clave habían desaparecido. Al día siguiente se produjo una guerra campal. Hitler, Ludendorff, Röhm y Göring condujeron a 2,000 seguidores al Odeonsplatz en el centro de Múnich donde se les enfrentó la policía estatal y el ejército. Fue una batalla, tal vez un altercado, en el cual murieron tres policías y catorce nazis. Göring recibió una herida y Hitler se dislocó el hombre cuando se cayó. El general Ludendorff se tiró al suelo en la primera descarga, lo arrestaron de inmediato y afirmó que era un transeúnte inocente. Amigos, los Hanfstängl, dieron albergue a Hitler por unos días, durante los cuales al parecer se puso un arma en la cabeza y lo tuvo que contener la hermosa Hélène Hanfstängl de que cometiera suicidio.

El corresponsal del *Times* de Londres que informaba del putsch describió a Hitler como "un hombrecillo… sin rasurar, con el cabello desordenado y tan ronco que apenas podía hablar".

A pesar de su fracaso, el patético putsch de Múnich se volvió parte de la mitología nazi.

Juicio por traición

POR VEINTICUATRO DÍAS, desde el 26 de febrero de 1924, Hitler y aquellos de sus seguidores a los que no habían matado o escapado se presentaron a juicio en un tribunal de la Escuela de Infantería en el Blutenburgstrasse, Múnich, acusados de alta traición. Entre ellos estaba el general Ludendorff, Rudolf Hess, Wilhelm Frick, Hermann Kriebel, Emil Maurice y Ernst Röhm. Otto von Lossow estaba entre los que testificaron contra Hitler. El juicio era noticia de primera plana en todo periódico alemán, ya que Hitler se responsabilizó por completo por conducir a las tropas de asalto de la SA y el resto del *Kampfbund* ("Liga de Batalla" de Hitler) en el infortunado putsch. Dominó el tribunal. "No son ustedes, caballeros, los que nos están juzgando. Ese juicio se aborda en el tribunal eterno de la historia... Ese tribunal nos preguntará: '¿Cometiste alta traición o no?' Ese tribunal nos juzgará... como alemanes que deseaban sólo el bien para su pueblo y su patria; que deseaban luchar y morir... Puedes sentenciarnos como culpables mil veces...".

Los jueces fueron compasivos; tenía la idea correcta, según su punto de vista, a pesar de que sus acciones estaban desencaminadas. Ludendorff, héroe de la Gran Guerra, fue absuelto, y Hitler recibió la sentencia mínima de cinco años de prisión. Lo liberaron después de cumplir nueve meses en la cárcel... y de inmediato reanudó sus actividades políticas.

Escuela de educación superior

Cuando Hitler llegó a la prisión de Landsberg, cuidando su hombro dislocado, estaba tan desanimado que se puso en huelga de hambre. Anton Dexler, Hélène Hanfstängl y Hélène Bechstein lo persuadieron de volver a una vida normal. Habían declarado ilegal al partido y a las tropas de asalto de Hitler y algunos de los otros líderes se volvieron clandestinos.

La prisión de Landsberg, a ochenta kilómetros al oeste de Múnich, era razonablemente cómoda y Hitler y sus compañeros nazis prisioneros tenían una vida relajada, con buena comida, jardín y tantos periódicos y libros como desearan. Hitler leía con voracidad: Nietzche, Marx, Treitschke, Bismarck y diversas obras políticas, racistas y de ocultismo, y la prisión se convirtió en su "escuela de educación superior".

Recibió tratamiento favorable y tenía tantos visitantes como quería en la celda No. 7 del primer piso, que compartía con Rudolf Hess, Friedrich Weber y el coronel Hermann Kriebel. Los otros prisioneros y todos los guardias cayeron bajo su embrujo y él gozaba de ser el centro de atención de ellos. El comedor donde presidía estaba decorado con un enorme banderín con la swástica nazi. En su cumpleaños treinta y cinco, el 20 de abril, su celda estaba inundada de flores y regalos. Mientras estaba ahí, Hitler dictó *Mein Kampf*, al principio a su chofer, Emil Maurice, y luego a Rudolf Hess, quien se le unió voluntariamente como prisionero.

Lebensraum y geopolítica

En la prisión de Landsberg Hess presentó a Hitler con Karl Haushofer (1869-1946), profesor de Geografía Política de la universidad de Múnich, con el que Hess había trabajado como asistente científico. Haushofer los visitó en prisión y pasó horas hablando con Hitler, ayudando y tal vez influenciando el *Mein Kampf*, en especial donde Hitler estaba escribiendo sobre entrenamiento oculto, asuntos políticos y *Lebensraum* ("espacio vital"). Haushofer, general retirado, creía que la habilidad de una nación para crecer y prosperar dependía en su mayor parte del espacio vital. También era el exponente de la idea y la teoría de la geopolítica, que consideraba que el poder continental de Alemania estaba reemplazando al poder oceánico del Imperio Británico. Hitler salió de Landsberg con dos ideas clave, que dominaron la mayor parte del resto de su vida: que el *Lebensraum* era esencial para la Alemania Nazi, y que Alemania e Inglaterra debían vivir y trabajar juntas, una en tierra y la otra en altamar.

El "enano de los negocios" de Hitler

Kurt Lüdecke conocía a Max Amann, el administrador de negocios del Partido Nazi y lo describió en 1932 como un "hombre pequeño, de apariencia fuerte y activa, con cabeza pesada sobre un cuello corto, casi perdido entre sus hombros. De nuevo me di cuenta de su prominente nariz y sus pequeños y peculiarmente brillantes ojos azules…" Amann nació en Múnich el 24 de noviembre de 1891 y murió ahí en extrema pobreza doce años después de la Segunda Guerra Mundial. De 1915 a 1918 fue sargento de compañía de Hitler y se unió a la SA en 1921. Su entrenamiento de empresas significó que se convirtiera en el tesorero del partido y administrador del periódico del partido, el *Völkischer Beobachter*. De 1925 en delante se hizo esencial para Hitler, arregló la publicación de *Mein Kampf* y con destreza mandó al banco o invirtió las considerables regalías, parte en Múnich pero también en Suiza y Holanda. Amann tuvo varios hijos ilegítimos y su esposa intentó sin éxito ahogarse. En la tarde del 22 de febrero de 1942, Hitler comentó a Himmler: "Amann es uno de mis compañeros más antiguos. Era infinitamente valioso para mí ya que yo no tenía idea de lo que era la contabilidad por partida doble... Puedo decir en forma concluyente que es un genio. Es el mayor propietario de periódicos del mundo... Rothermere y Beaverbrook son simples enanos en comparación con él". En forma muy inteligente, Amann creó además la compañía editora Hoheneichen, cuyo nombre abarcaba ciertas publicaciones. Se comportaba como si el personal y los editores de la compañía no fueran algo más que un mal necesario. Pero le hizo ganar al Führer una pequeña fortuna.

"Mentiras, estupidez y cobardía" de *Mein Kampf*

DESDE JULIO DE 1924, Hitler comenzó a dictar *Mein Kampf*, escrito por Hess y Emil Maurice. Después de dejar la prisión (su historial de guerra contó a su favor y el Supremo Tribunal Bávaro lo liberó el 19 de diciembre de 1924), se marchó a la ciudad de Berchtesgaden para terminar su libro: "Viví ahí como un gallo de pelea. Me gustaba mucho visitar el Dreimäderl Haus, donde siempre había muchachas hermosas".

Además de ser el administrador de negocios del Partido Nazi, Max Amann era director de la casa de publicaciones nazis Eher Werlag, que a la larga publicó *Mein Kampf*. El título de Hitler había sido *Cuatro años y medio de lucha contra mentiras, estupidez y cobardía*. Amann esperaba un contenido dramático y sensacional y cambió el título del libro en extremo largo, aburrido, ampuloso e incoherente a *Mein Kampf* (*Mi Lucha*). Aportaciones y edición adicional para el libro de Hitler procedió de Müller, el impresor, Putzi Hanfstängl, Josef Solzing-Czerny, crítico de música de *Völkisher Beobachter*, y de Bernard Stempfle, en un tiempo editor del periódico bávaro *Miesbacher Anzeiger*. Todos los elementos de la ideología del Nacionalsocialismo están contenidos en el libro: nacionalismo, antibolchevismo, antisemitismo, la pureza de la raza aria y *Lebensraum*, la necesidad de más espacio, que se obtendría mediante una guerra continental de conquista. Había una clara advertencia para el mundo del prisionero de treinta y cinco años, que tenía una considerable influencia en Alemania pero todavía no poder. El primer volumen se publicó en verano de 1925; tenía 400 páginas y costaba 12 marcos del Reich. El segundo volumen apareció en 1926. Para 1940, se habían vendido 6 millones de ejemplares. La edición publicada en Estados Unidos se llamaba *My Battle*, en Italia se llamaba *La Mia Battaglia* y en España *Mi lucha*. Las regalías de *Mein Kampf* mantuvieron solvente a Hitler… de 1925 a 1929, promediaron 15,000 marcos del Reich al año. Sin embargo, a pesar de vender tantos ejemplares, el mundo en general siguió sin prestarle atención.

La cuenta bancaria secreta de Hitler

Entre 1921 y 1922, y con seguridad 1923, Hitler visitó Suiza. El 5 de agosto de 1943 contó a sus compañeros de cena: "En 1923 estaba en Suiza y recuerdo una comida en Zúrich en la que el número de platillos me dejó atónito". Estuvo ahí con Max Amann o el doctor Emil Gansser, para reunir fondos en apoyo a su NSDAP y se informó que volvió de un viaje a Zúrich con un baúl de camarote lleno con francos suizos y dólares americanos. (*The Jewish Chronicle* del 6 de septiembre de 1996 reveló que la cuenta bancaria de Hitler estaba en Berna con el Union Bank de Suiza.) Sin embargo, el putsch hizo perder a Hitler y al NSDAP gran parte si no todo este apoyo financiero, de manera que las finanzas del NSDAP estaban agotadas, hasta que en 1925 cierto Franz Xaver Schwarz, tesorero del concejo de la ciudad de Múnich y miembro de NSDAP, ofreció sus servicios, tomó algunos de los deberes de Amann y comenzó a hacer maravillas con los fondos del partido. Mantuvo la posición de Tesorero Nacional hasta el final del Tercer Reich en 1945.

Los "tipos duros" de Hitler

En septiembre de 1927, Hitler nombró a Heinrich Himmler, un brillante organizador y devoto seguidor de Hitler, que por un breve periodo había sido granjero de pollos, Reichsführer sustituto del *Schutzstaffel* (SS). Nacido en Landshut, Baviera, en 1900, Himmler se convirtió tal vez, después de Hitler, en el hombre más maligno de Europa. Hitler contó a sus compañeros de comida el 3 de enero de 1942: "Al estar convencido que siempre existen circunstancias en que se necesitan tropas de elite, en 1922-23 cree las 'Tropas de Choque de Adolfo Hitler'. Estaban formadas por hombres que estaban listos para la revolución y sabían que un día u otro la situación se resolvería a golpes. Cuando salí de Landsberg [la prisión], todo estaba hecho pedazos y regando a veces en manos rivales. Me dije entonces que necesitaba guardaespaldas, incluso una muy restringida, pero formada por hombres que se enlistaran sin restricciones, incluso para marchar contra sus propios hermanos. Sólo veinte hombres por una ciudad (con la condición de que se pudiera contar con ellos de manera absoluta) más que una masa dudosa. Fueron [Emil] Maurice, [Julius] Schreck y [Erhard] Heiden los que formaron en Múnich el primer grupo de 'Tipos Duros' y fueron así el origen de las SS. Pero fue con Himmler que las SS se convirtieron en ese extraordinario grupo de hombres, dedicados a una idea, leales hasta la muerte. Veo en Himmler nuestro Ignacio de Loyola.

Con inteligencia y obstinación, contra viento y marea, forjó este instrumento… Las SS saben su trabajo es dar un ejemplo, ser y no parecer y que todos los ojos están sobre ellas".

El filósofo ruso de Hitler

Alfred Rosenberg (1893-1946), arquitecto e ingeniero, nació de padres alemanes en la Estonia rusa y combatió en el Ejército Ruso en la Gran Guerra. En contra del bolchevismo, dejó su país en 1918 después de la Revolución Rusa y se marchó como refugiado a Múnich, donde sus tendencias antisemitas y anticomunistas lo llevaron a unirse al club nacionalista de ala derecha de la Sociedad de Thule; también organizó la "Liga Militante por la Cultura Alemana", una asociación para abogados, médicos y maestros; contribuyó con el *Völkischer Beobachter*, del que llegó a ser editor en 1923; se unió al Partido Nacionalsocialista Alemán de los Trabajadores (varios meses antes que Hitler), y marchó con Hitler y Ludendorff en el putsch de Múnich, pero corrió como conejo cuando empezaron los tiros. Sin embargo, es obvio que Hitler tenía buen concepto de él y lo hizo líder del partido mientras él, Hitler, estaba en prisión.

En 1930, Rosenberg publicó *El mito del siglo veinte*, del que se pensaba, junto con *Mein Kampf*, reflejaban el pensamiento nazi esencial. La opinión de Hitler fue que Rosenberg, con sus antecedentes de habla rusa, era un experto en bolchevismo, pero no un adminis-trador. William Shirer, el periodista estadunidense que transmitía desde Berlín durante el Tercer Reich y hasta el fin del primer año de la Segunda Guerra Mundial, y publicó varios libros, el célebre *Auge y caída del tercer Reich* (1960), pensaba que lo que Rosenberg "carecía en repulsión, lo compensaba con confusión". El "fi-lósofo" nazi oficial era tedioso, confuso, ampuloso y claramente estúpido. En 1933, Hitler lo puso a cargo del departamento de asuntos extranjeros del partido y luego, como era típico, permitió que Joachim von Rib-bentrop compitiera con su propia Oficina del Extran-jero. Muchos de sus enemigos en el Partido Nazi, en especial Goebbels y Strasser, acusaron a Rosenberg de tener sangre judía. Compró pinturas y esculturas en nombre de Hitler para la Galería de Arte de Múnich y para el museo "soñado" de Hitler que estaba planea-do para Linz, y desde 1940, su fuerza de tarea ayudó a saquear los tesoros artísticos de Europa. En 1941, Hitler lo hizo ministro para los territorios orientales capturados. Por supuesto, era totalmente inútil, ¡pero podía hablar ruso!

El rechoncho impresor de Hitler (1)

EN OPOSICIÓN A los estudios fotográficos de Heinrich Hoffmann, el fotógrafo personal de Hitler, era la plan-ta de impresión de M. Müller u. Sohn en Schellings-trasse 39, Múnich. Adolf Müller, pequeño, corpulento y casi totalmente sordo, era, para citar al amigo de Hitler, Dietrich Eckart, quien le presentó a Hitler: "tan negro como el diablo... y más astuto que el campesino más astuto, pero el mejor impresor que he conocido en mi vida, y también el hombre más generoso". Müller había sido benefactor del Partido Nazi desde su inicio y con la ayuda del omnipresente Max Amann, accionista de Müller, el rechoncho impresor aseguró el contrato para todo el material del Partido Nazi, incluyendo libros y el *Völkischer Beobachter*. A principios de la década de 1920, Müller enseñó a conducir a Hitler. Hasta el putsch de noviembre de 1923, el negocio había sido bueno y los dos Adolfos eran amigos; en verdad, fueron Müller y Amann quienes llegaron a recibir y llevarse a Hitler de la prisión de Landsberg. En el tiempo crítico después de la liberación de Hitler de la prisión fue Müller quien adelantó efectivo e imprimió el periódico y el libro de Hitler a crédito. Para 1928, Müller era un hombre muy saludable con una casa lujosa en San Quirino, en las playas de Tegernsee, al sur de Múnich. Hitler y los líderes del NSDAP utilizaban la casa de Müller para reuniones y después del suicidio de su sobrina Geli en septiembre de 1931, un angustiado Hitler se refugió con Müller.

Damas bávaras

EMIL MAURICE, chofer de Hitler y por muchos años un buen amigo, visitaba las clases de arte con su Führer para observar a las modelos desnudas que posaban para los artistas. Visitaban clubes nocturnos en Múnich e incluso ligaban con muchachas en las calles. Hitler a veces llevaba una mujer de vuelta a su cuarto y siempre les regalaba flores. La hermana de uno de sus conductores, Jenny Haug, que por lo común llevaba arma como un guardaespaldas extra, estaba enamorada de él. Putzi Hanfstängl escribió que Hitler tenía una colección de libros pornográficos, la mayor parte escritos por autores judíos, y Hitler estaba fascinado por los bóxers de las mujeres de Berlín.

Se tiene evidencia de que Hitler tuvo una aventura en 1936 con Mitzi Reiter, una muchacha de dieciséis años que dirigía una boutique con su hermana mayor. Antes de que pasara mucho tiempo, se volvió su amante; la llamaba Mizzerl, Mimilein, Mizzi o Mimi y ella lo llamaba Lobo, pero fue la misma historia. Ella quería matrimonio, tal vez con él, o al menos con alguien a quien amaba. La pobre enamorada Mitzi, celosa por las atenciones de Hitler en otra parte, trató de colgarse, pero la salvó de la muerte su cuñado. Para este tiempo Hitler estaba involucrado con su propia sobrina.

La glotonería de Hitler

Angela Raubal, la hermanastra viuda de Hitler, le sugirió que la Haus Wachenfeld en Obersalzberg, que él rentó en octubre de 1928, necesitaba un ama de casa residente y que ella debía ser su cocinera y ama de casa. Él recordaba con placer los ricos y dulces pasteles que ella solía hacer y la hija del fotógrafo de Hitler, Henriette Hoffman, recordó que "era una mujer bondadosa y comprensiva, experta en cocinar especialidades austriacas. Podía hacer hojaldres ligeros como plumas, pastel de ciruela con canela, esponjoso strudel de semilla de amapola y panqué de vainilla fragante... todos los bocadillos irresistibles que a su hermano encantaba comer". Angela también tenía dos hijas núbiles, Angela (Geli) y Elfriede.

El rechoncho impresor de Hitler (2)

HITLER DIJO que las primeras palabras de Adolf Müller a él fueron: "Para prevenir que surja cualquier malentendido vamos a dejar claramente entendido que cuando no haya pago, tampoco hay impresión". Müller sólo aceptaría pedidos de panfletos contra el pago en efectivo. Rechazaba los pedidos dudosos diciendo que sus trabajadores no se alimentaban de convicciones políticas, sino de la paga que él les daba. Cuando uno lo visitaba, Müller nunca cesaba de quejarse. Sin embargo, engordaba cada vez más. Imprimía cada vez más. Todo el tiempo compraba máquinas nuevas, pero su *leitmotiv* era: "No puedo salir adelante con estas tarifas. Me estoy arruinando"... Su prensa estaba equipada con el estilo más moderno. Era un verdadero genio en el partido".

Siempre que Müller elevaba sus tarifas de impresión, Hitler hacía una rabieta, pero como Müller estaba totalmente sordo, no tenía ningún efecto. A pesar de su circunferencia, era un don Juan determinado, con una esposa divorciada, varias amantes y muchos descendientes bastardos. Hitler sabía que Müller era muy generoso y que en cada nuevo nacimiento daba a la madre 5,000 marcos. Su semana de trabajo implicaba tener dos días para supervisar sus trabajos de impresión, dos días con su esposa divorciada y dos días con su amante del momento. Como Hitler dijo de él: "Ese Müller es un gran tipo".

"Onkel Alf"

Parece no haber duda de que Hitler estaba profundamente enamorado de su sobrina. Geli Raubal, la hija más joven de su hermanastra Angela Geli (1908-31) acompañaba a su madre a cuidar la casa de Hitler en Obersalzberg en 1925. La hermosa chica rubia de dieciséis años de edad tenía su propia habitación en la villa rentada, Haus Wachenfeld, y también, unos años después, en el No. 16 de Prinzregentenstrasse, un elegante departamento de nueve habitaciones en Múnich. Por seis años prosperó su romance; tal vez no se consumó. Geli llamaba a Hitler "Onkel Alf". Ella amaba el teatro y la ópera, y tomó clases de canto y actuación. Él idolatraba a la chica, que estaba halagada e impresionada por su famoso tío. A principios del verano de 1928, Emil Maurice, su chofer, por azar sorprendió a Hitler en la habitación de Geli. Hitler, que siempre llevaba consigo un látigo de montar, trató de azotar a Maurice, el cual escapó saltando por una ventana. Hitler estaba locamente celoso de Geli. Se negó a dejarla tener vida alguna propia y no le permitió ir a Viena para entrenar su voz. Cuando descubrió que había permitido que Maurice le hiciera el amor estaba furioso. El 17 de septiembre de 1931, Hitler se marchó de Múnich con Hoffmann, su fotógrafo y amigo íntimo, hacia Hamburgo. En el camino, en Núremberg, Hess telefoneó para decir que Geli se había matado con la pistola Walther de 6.36 mm de Hitler en el departamento de Hitler. Por días estuvo inconsolable y sus amigos temían por su vida. A partir de entonces se negó a comer carne. De acuerdo a muchos testigos, Geli fue la única mujer que amara. Su habitación en Berghof se conservó exactamente como la dejó con su disfraz de carnaval, sus libros y sus muebles blancos. Su fotografía colgaba en la habitación de él en Múnich y en Berlín, y siempre se ponían flores ante ella en el aniversario de su nacimiento y de su muerte. En la habitación de ella se puso un busto de Geli y Hitler todos los años visitaba su tumba. No es necesario decir que se produjeron muchos rumores vergonzosos y él lamentaba que esa "terrible suciedad" lo estaba matando.

Goebbels sobre Hitler: Desilusión

Joseph Goebbels estuvo entre los primeros en unirse al Partido Nazi cuando se levantó la prohibición en

febrero de 1925. Cuando lo despidieron de su trabajo en el *Völkische Freiheit*, se mudó a Eberfeld. Desde
octubre de 1924, pronunció 189 discursos políticos en
el transcurso de un año. Al principio él y Hitler estaban en desacuerdo. En una reunión se paró de un salto
gritando: "¡Exijo que el insignificante burgués Adolfo
Hitler sea expulsado del Partido Nazi!", y en su diario
escribió: "Me siento maltrecho. ¿Qué tipo de Hitler es
éste? ¿Un reaccionario? En extremo torpe e inseguro.
La cuestión rusa está equivocada por completo. Italia e
Inglaterra son nuestros aliados naturales. ¡Es terrible!
Nuestra tarea es la aniquilación del bolchevismo. ¡El
bolchevismo es una creación judía! ¡Debemos ser los
herederos de Rusia! ¡180 millones!" En la siguiente reunión pública confesó: "Ya no tengo una fe completa en
Hitler. Eso es lo terrible. Me han quitado de debajo mis
apoyos".

Felices Juventudes de Hitler

PARA LOS NIÑOS JÓVENES de 10 a catorce años, el Partido
Nazi estableció el *Jungvolk* y para las niñas el *Jungmädel*.
Para entrar al *Jungvolk* un niño, al que se conocía como
Pimf, tenía que pasar una prueba de iniciación. Tenía
que aprender puntos clave del dogma nazi, recitar el
Canto de Horst Wessel, aprender ejercicios de armas
(con un palo de escoba en lugar de un rifle), practicar
el código de señales, unirse a agotadoras caminatas a
campo traviesa de dos días y correr 50 metros en 12

segundos. Todo esto era en preparación para unirse al
Hitler Jugend ("Juventudes de Hitler"), el grupo de edades de catorce a dieciocho años. Las Juventudes de Hitler se fundó en 1926 como rama de la SA y para 1934
tenía una afiliación de 3.5 millones. Tenían un inmenso
orgullo en su uniforme, su entrenamiento militar y su
disciplina. Su daga especial estaba grabada "Blut und
Ehre": "Sangre y Honor". Las Juventudes de Hitler com-
batieron y murieron con valor en Normandía en 1944
y durante la defensa de Berlín en 1945. Hitler les dijo:
"Ustedes están destinados a ser guerreros para la Gran
Alemania". Una canción importante (traducida) era:

> Somos las Felices Juventudes de Hitler
> no necesitamos las virtudes de la iglesia
> ya que es nuestro Führer Adolfo Hitler
> quien está a nuestro lado'.

Die Alte Kämpfer: Los "viejos combatientes"

Durante los *Kampfzeit*, los "tiempos de lucha", Hitler
había compartido camaradería y peligros ocasionales
con los "viejos combatientes", algunos de ellos matones
callejeros. Sus conocidos de la vieja guardia nazi eran
Goebbels, el doctor Robert Ley, Hess, Martin Bormann,
Julius Streicher, Christian Weber, Max Amann (el tesorero del partido), Heinrich Hoffmann (el fotógrafo y
bufón de la corte), sus dos ayudantes, Julius Schaub
y Wilhelm Brückner, y uno de los fundadores de la SA,

Julius Schreck. Era cuando estaba en éste círculo íntimo hablando de los viejos días que Hitler estaba más cómodo. De vez en cuando se invitaba a unirse a la camarilla a Sepp Dietrich, el brutal comandante de su guardia de SS, Otto Dietrich, jefe de prensa del Reich, el gauleiter Adolf Wagner, Hermann Esser, secretario de Estado para Turismo y, más adelante, Albert Speer. Hablaban en el café-restaurante Osteria Bavaria, Café Heck, Carlson's Tearooms o en el departamento de Múnich de Hitler, o fuera en Obersalzberg o Berghof. Era raro ver a Himmler o a Göring, pero en ocasiones se invitaba a Goebbels o a Hess. No se invitaba a mujeres, aparte de las dos más bien escandalosas jóvenes Mitford (ver más adelante). Era importante para el prestigio de uno asistir a estas comidas y mantenerse al tanto de las opiniones de Hitler. Speer describe una típica comida tardía en la Osteria: "En la calle estarían esperando varios cientos de personas, ya que nuestra presencia era indicación suficiente de que *él* vendría. Gritos de júbilo en el exterior. Hitler se dirigía a nuestra esquina habitual que estaba protegida en un lado por una partición baja. Con buen clima, nos sentábamos en el pequeño patio donde había una ligera señal de emparrado. Hitler daba al dueño y a las dos meseras un saludo jovial: '¿Qué hay de bueno hoy?'"

El asesor oculto de Hitler

A FINALES DE LA DÉCADA DE 1920, Hitler descubrió un asesor oculto, Erik Jan Hanussen, un "clarividente" judío, que ganaba mucho dinero en teatros. Su verdadero nombre era Hermann Steinschneider y eran genuinas sus extraordinarias habilidades predictivas. Cuando conoció a Hitler en una recepción de sociedad en Berlín, sugirió al líder nazi que debían mejorar su dicción y su discurso. Sorprendentemente, Hitler, con buenos modales, pidió a Hanussen sus recomendaciones. Se le dijo que aunque su coordinación y su expresión oral eran impresionantes, debía mejorar su lenguaje corporal y sus gestos y que esto tendría un mayor impacto en su público. Y así fue. En los siguientes años, el clarividente judío fue el gurú "especial" de Hitler y además se le pidió que aconsejara a Hitler en su elección de colegas, basado en sus dones de clarividencia y astrológicos. El 24 de febrero de 1933, Hanussen tuvo una sesión espiritista en Berlín para gran cantidad de personas importantes. Predijo que un gran edificio de Berlín sería devorado por las llamas y el Reichstag se incendió y quedó más o menos demolido tres días después. En abril de 1933, por orden del conde Wolf Helldorf, jefe de la Policía de Potsdam, Hanussen fue secuestrado fuera de un teatro y asesinado en un bosque cerca de Berlín.

"Esos grandes ojos azules"

Joseph Goebbels anotó en su hoja de diario del 6 de noviembre de 1925 su primer encuentro con Hitler: "Conducimos a ver a Hitler. Está tomando su comida.

Se pone en pie de un salto, ahí está. Sacude mi mano como si fuera un viejo amigo. Y esos grandes ojos azules como estrellas. Está contento de verme. Estoy en el cielo. Ese hombre tiene todo para ser un rey. Nació tribuno. El próximo dictador". Y el 23 de noviembre: "Hitler está ahí. Gran alegría. Me saluda como a un viejo amigo. Se interesa en mí. ¡Cómo lo amo! Qué tipo. Luego habla. ¡Qué pequeño soy! Me da su fotografía... ¡Heil Hitler! ¡Quiero que Hitler sea mi amigo!" Hitler tenía este efecto extraordinario. Seducía a sus seguidores de campo. Todos estos siete años antes de que Hitler se convirtiera en canciller, y casi veinte años antes de que él y Goebbels se suicidaran en el búnker de Berlín.

Hitler y la familia Wagner

Richard Wagner siempre había sido el compositor favorito de Hitler, y Winifred Wagner, que estaba casada con el hijo del compositor, Siegfried, se convirtió en una de las mujeres más cercanas a Hitler. Nacida Winifred Williams en Hastings, Sussex, había enviudado en 1930, pero seguía organizando el festival de Wagner en Bayreuth casi sin ayuda. Asistir al festival de Wagner era un momento importante en la vida de Hitler y casi siempre se quedaba con Frau Wagner en Haus Wahnfried, una ostentosa casa construida por Wagner. Hitler fue presentado por los Bechstein, los famosos fabricantes de pianos, a Siegfried y Winifred en la dé-

cada de 1920. Siegfried pensaba que el joven Hitler era
un fraude. Winifred pensaba que estaba "destinado a
ser el salvador de Alemania" y siempre en privado lo
llamaba "Tío Lobo", su nombre secreto cuando se conocieron primero.

El damasco de Joseph Goebbels

Goebbels fue invitado a unirse a Hitler para un día
de fiesta en Berchtesgaden en julio de 1926, junto con
el secretario de Hitler, Rudolf Hess, su chofer, Emil
Maurice, su fotógrafo, Heinrich Hoffmann y Gregor
Strasser (1892-1934), un líder nazi radical. Hitler estaba trabajando en el segundo volumen de *Mein Kampf*.
En este círculo mágico íntimo, Goebbels, de veintiocho
años de edad, pronto conoció a Strasser y a su teniente,
Karl Kaufmann, descrito como el "Damasco de Joseph
Goebbels". Goebbels quedó obsesionado: "Él [Hitler]
es un genio. El instrumento creativo natural de un destino determinado por Dios. Me encuentro tembloroso
ante él. Así es como es: como un niño, adorable, bueno,
compasivo; como un gato, astuto, hábil y ágil; como
un león, maravillosamente rugidor y enorme. Un tipo
magnífico, un verdadero hombre". Goebbels continuó: "La conversación de Hitler tiene la sensación de
ser profecía. Encima de nosotros en el cielo una nube
blanca forma una swástica…". Por el resto de su vida,
otros diecinueve años, Goebbels adoró a Hitler. Fue así
de simple.

"HERR HITLER PIENSA EN POLÍTICA"

El *Segundo libro*

El *Segundo libro* de Adolfo Hitler fue escrito en 1928 y, por diversas razones, no se publicó durante su vida. En 1961, el Instituto de Historia Contemporánea de Múnich lo publicó como *Hitlers Zweites Buch: Ein Dokument aus dem Jahr 1928*. La edición en español se publicó en inglés con el título *El segundo libro de Hitler: segunda parte no publicada de Mein Kampf*, por Enigma Books de Nueva York, editado y con anotaciones de Gerhard Weinberg. Tiene dieciséis capítulos y 240 páginas y abarca gran parte del mismo campo que *Mein Kampf*. Abarca la política potencial extranjera (fue escrito cinco años antes de que fuera canciller) y las relaciones con Inglaterra y el Imperio Británico, Italia, Francia (el enemigo inexorable) y Rusia (ninguna alianza). Los individuos clave mencionados son Woodrow Wilson, presidente estadunidense de 1913 a 1921, Gustav Stresemann, cofundador del Partido Alemán del Pueblo de 1918, Benito Mussolini, dictador fascista de Italia y Andreas Hofer, quien fundó una liga radical de Tirol del Sur. Los héroes de Hitler se mencionaron muchas veces: Otto von Bismarck, Federico el Grande, Napoleón I. Entre sus más locos vuelos de imaginación está: "El mayor peligro para Inglaterra no será ya Europa de ninguna manera sino Norteamérica", "los importantes centros de población ingleses aparecen virtualmente indefensos contra ataques aéreos franceses… y una guerra de submarinos franceses contra Inglaterra…". Como se puede predecir, tiene la difamación usual de judíos y marxismo.

Mein Kampf hizo de Hitler un hombre rico. Su *Segundo libro* no le produjo ni un solo marco del Reich.

Corto de efectivo

Cuando el Berghof, su casa de Obersalzberg, se estaba construyendo, el arquitecto de Hitler, Albert Speer, calculó el costo y Hitler le dijo: "He gastado por completo el ingreso de mi libro, aunque Amann me ha dado un anticipo más de varios cientos de miles. A pesar de eso no hay suficiente dinero, así me lo dijo

[Martin] Bormann hoy. Los editores andan tras de mí para que entregue mi segundo libro, el de 1928, para publicación [al final se publicó en 1961, dieciséis años después de la muerte del autor]... Tal vez después... Ahora es imposible".

La canción de Horst Wessel

Goebbels, apodado cruelmente por los berlineses como *"der Krüppel"* (el lisiado), fue un brillante publicista. En julio de 1927 comenzó su propio periódico, *Der Angriff* (*El Ataque*), primero como semanario, luego como diario. De inmediato se convirtió en prensa amarilla apropiada para dar publicidad al Partido Nazi. Todo matón de la SA involucrado en una pelea callejera llegaba a los titulares y Hitler lo leía de principio a fin todos los días. A principios de 1930 un joven agitador llamado Horst Wessel recibió un balazo de un miembro del Partido Comunista, tal vez enviado por una casera a la que no había pagado y tardó seis semanas en morir. En el periódico de Goebbels se llamó "un Cristo socialista" a Wessel. En el espectacular funeral los comunistas tuvieron una batalla campal con la SA.

Unos meses antes, Horst Wessel había escrito la letra para una nueva "canción de batalla" nazi, que se publicó en septiembre de 1929 en *Der Angriff*. Traducida, la letra decía:

> ¡Las banderas se sostienen en alto! Las tropas se mantienen firmes unidas

la SA marcha con paso constante, decidido
¡Pronto las banderas de Hitler ondearán en
cada calle!

De inmediato se convirtió en el himno del partido...
cantada con una melodía que se dice se adaptó del
himno del Ejército de Salvación (el Ejército de Salvación se expandió a Alemania en 1886), pero que igual
podría estar basada en una melodía popular del norte de Europa... y ocupó un segundo lugar, sólo detrás
del himno nacional: "Deutschland, Deutschland Über
Alles".

"Como hiedra alrededor del roble"

Martin Bormann (1900-45) se convirtió en uno de los
hombres más poderosos en el tercer Reich de Hitler.
En 1930 proporcionó fondos para el patrimonio del
Partido Nazi mediante el ingenioso ardid por el que
millones de miembros de la SA pagaban la cantidad
obligatoria de 30 pfennings al mes y pegaban estampillas en una tarjeta amarilla, lo que les daba a ellos o a
su familia, seguro de vida en caso de lesión en peleas
y reyertas callejeras con comunistas y otros oponentes.
Manejaba el Fondo Adolfo Hitler en el que se pagaban
los fondos extorsionados y los sobornos, muchos de
empresarios judíos y Hitler contaba con él para hacer
frente a sus asuntos de dinero y propiedades. Como *chef
de cabinet* de Rudolf Hess, Bormann controlaba el acce-

so al Führer, a veces bloqueando incluso a Goebbels, Göring, Speer y a Himmler. Todo capricho o comentario pasajero se convertía en una orden del Führer, se detallaba, luego se hacía circular a los superiores del partido. Un orador deficiente, Bormann se mantenía en segundo plano y se volvió indispensable, incluso a pesar de que Hitler desaprobaba sus tratos con judíos y la Iglesia. Robert Ley, un poderoso y brutal gauletier y jefe del DAF (*Deutsche Arbeitsfront*), comentó: "Bormann se aferraba a él [a Hitler] como hiedra alrededor del roble, empleándolo para llegar a la luz y la cima misma".

Permanencia en el Kaiserhof

En septiembre de 1930, Hitler logró una publicidad casi mundial. El alto, pesado y medio estadunidense Putzi Hanfstängl colocó tres artículos de Hitler en la prensa Hearst con sede en Estados Unidos. Hitler conservó 70 por ciento de la alta tarifa (1,000 dólares estadunidenses) en que se vendió cada artículo. El autor estaba encantado Ahora podía quedarse en el hotel Kaiserhof de Berlín... elegante y costoso. Lo que es más, lo entrevistó el *Times* de Londres y vendió un artículo al *Sunday Express* de Inglaterra. En la mesa de la cena del 6 de julio de 1942, Hitler recordó: "Cuando visité Berlín antes de que llegáramos al poder [es decir 1931-2], solía quedarme en el Kaiserhof, acompañado por todo el estado mayor. Reservaba todo un piso y nuestra cuenta por comida y alojamiento por lo general llegaba a alrededor de diez mil marcos a la semana [en la actualidad alrededor de 1,300 marcos]. Ganaba suficiente para pagar estos costos en su mayor parte gracias a entrevistas y artículos para la prensa extranjera. Hacia el final del 'Periodo de Lucha' [*Kampfzeit*], se me pagaba hasta dos mil o tres mil dólares por vez de este tipo de trabajo". De mendigo a millonario.

"Té de cadáver"

DESPUÉS DE LA MUERTE DE SU SOBRINA GELI en 1931, Hitler, por diversas razones, no tocó carne de res, pollo, pescado o huevos. Estaba obsesionado por lo que comía o no comía y era un vegetariano dedicado. O así se nos cuenta. Tenía una cocina separada en Berghof para proveer sus comidas vegetarianas. Vivía principalmente de pastas, puré de papas y vegetales verdes, y terminaba cada comida con mermelada de fruta y agua mineral. Uno de sus platillos favoritos era puré de papas con aceite de linaza y cubierto con queso gratinado y también le gustaba el maíz en mazorca y *Kaiserschmarrn*, un budín con pasas remojado en salsa dulce. Por lo general bebía té de manzana o de alcaravea, o jugo recién exprimido de frutas o verduras de los invernaderos de Obersalzberg… nada de alcohol aparte de un vaso ocasional de vino blanco dulce diluido. Empleaba dos dietistas para producir platillos para su apetito y antojos irregulares, pero su cocinera favorita era Fräulein Constanze Manziarly de Innsbruck, la cual cocinaba platillos vieneses y bávaros con destreza. Albert Speer escribió que Hitler alababa a su cocinera de dieta y su cocina vegetariana. Hitler describió el caldo de carne como "té de cadáver" y se burlaba de los que comían carne. Sin embargo, en el Dione Lucas de la década de 1930, un chef de hotel en Hamburgo, a menudo se preparaba un platillo especial de squab (paloma joven) rellena para Hitler. También es posible que lo consintiera otro de sus cocineros, el enorme y gordo Willy Kanneneburg, con salchichas bávaras y *Leberknodl* (bolas de pasta con hígado). Sin embargo, en *Las conversaciones privadas de Hitler*, en muchas ocasiones Hitler se refería a sus estrictos hábitos de alimento vegetariano. Es una pregunta ociosa cuánto de este vegetarianismo se debía a la maquinaria de propaganda de Goebbels... y extraño en que se convenciera de esto a una nación famosa por sus salchichas.

"El precio del queso"

Cuando Hitler estaba buscando una propiedad para comprar, su elección estaba entre Berghof y una en Steingaden, región famosa por sus quesos. De la última comentó: "Si hubiera comprado el lugar, me hubiera visto forzado a volverme productor del famoso queso de Steingaden con el fin de mantener bien el lugar. ¿Suponiendo que subiera el precio del queso? Todos hubieran dicho de inmediato: '¡El Führer tiene interés personal en el precio del queso!'"

La visita de Churchill

En 1932, Randolf Churchill, hijo de Winston, era corresponsal para *The Sunday Graphic* y visitó Alemania. Con la toma del poder de Hitler en enero de 1933, el desenvuelto y joven periodista envió un telegrama al Führer felicitándolo por su éxito y persuadió a su padre, que estaba visitando el campo de batalla de Blenheim, que debía conocer a Hitler. Así que Winston Churchill pasó casi una semana en el hotel Regina, en Múnich, donde conoció a Putzi Hanfstängl, el rico compañero de Hitler de principios de la década de 1920. Ahora, en 1933, era asesor de la prensa extranjera ante el Partido Nazi. Adinerado, con una madre y una esposa estadunidenses, Putzi encantó a los Churchill con su desempeño en el piano y canciones inglesas conocidas. Winston recordó: "Dijo que debía conocerlo [a Hitler] que venía todos los días al hotel más o menos a las 5 en punto y que en verdad le daría gusto verme. En ese tiempo no tenía prejuicios nacionales contra Hitler. Sabía poco de su doctrina o registro y nada de su carácter. Admiro a los hombres que defienden a su país en la derrota, incluso si yo estaba en el otro lado".

Por diversas razones no muy convincentes, Hitler evitó un encuentro y Putzi lo regañó después. "Debiste estar ahí. Entre otras cosas, Churchill bosquejó la idea de una alianza, con la solicitud de que debías pensarlo". Hitler contestó que Churchill estaba en la oposición (política) y "nadie le presta atención alguna". "La gente dice lo mismo de ti", contestó Putzi.

Financiación de Hitler

LAS REGALÍAS de *Mein Kampf* hicieron rico a Hitler, pero el hábil y devoto Martin Bormann diseñó otras fuentes de ingreso. En 1932, un plan de seguros contra accidentes *obligatorio* para los miembros del Partido Nazi produjo considerables beneficios. Con la aprobación de Hitler, su fotógrafo Hoffmann, su amigo Karl Wilhelm Ohnesorge, ministro de Correos y Bormann también aseguraron que Hitler ganara una diminuta regalía sobre las decenas de millones de estampillas de correos que se vendían con su cabeza en ellas. El Fondo de Donación de la Industria Alemana Adolfo Hitler se estableció en el auge económico de mediados de la década de 1930. Se dijo sin rodeos a los líderes de empresas, en particular los judíos, que mostraran su aprecio mediante contribuciones *voluntarias* al Führer. El doctor Hjalmar Schacht, un genio financiero y entusiasta nazi, pagó la expansión del Reich mediante lo que se llegó a llamar letras "mefo". Eran pagarés emitidos para equilibrar los libros mediante una sociedad anónima (que sólo existía de nombre) llamada Metallurgische Forschungsgesellschaft, "Mefo" para abreviar. Servían como letras de cambio, convertibles en marcos del Reich a solicitud, y que se utilizaron principalmente para pagar a fabricantes de armamentos.

Sin patria

Hitler nació en Austria bajo el Imperio Austro-Húngaro, y por lo tanto, legalmente era ciudadano austriaco. Renunció de manera formal a su ciudadanía en abril de 1925. En 1932, fue candidato para la elección de la presidencia de la República Alemana, y así, necesitaba con urgencia convertirse en un ciudadano alemán legal. Lo nombraron canciller ante el estado de Brunswick en Berlín y juró lealtad a la República de Weimar.

Así que por siete años Adolfo Hitler no tuvo patria.

El camaleón: "Multiplicidad"

Hitler llegó al aeropuerto de Berlín-Staaken el 27 de julio de 1932 para una reunión, una de las tres planeadas para ese día en los estadios de Brandenburgo y Berlín. Tenía un programa muy apretado. Albert Speer atestiguó la llegada de los tres aviones y salieron Hitler, asociados y ayudantes. Hitler reprendió a sus compañeros porque los autos todavía no habían llegado. Caminó de un lado a otro azotando la parte superior de sus botas altas con un látigo para perro, dando la impresión de un hombre sin control que trataba a sus asociados con desprecio. Era "muy diferente al hombre de modales calmados y civilizados que tanto me había impresionado... estaba viendo un ejemplo de la notable duplicidad de Hitler, de hecho, 'multiplicidad' sería una mejor palabra. Con enorme intuición histriónica podía dar forma a su conducta para situaciones cambiantes en público mientras se desahogaba con personas íntimas, sirvientes o ayudantes".

La mujer más infeliz en Alemania

Eva Braun (1912-45) nació en Baviera, en Simbach, en el río Inn, cerca de la frontera austriaca. Aunque con una limitada educación de convento, era bonita, con "cara de torta" y tenía talento para bailar y para la fotografía de aficionado. Se convirtió en asistente en el estudio fotográfico de Heinrich Hoffmann en Amalienstrasse, Múnich, donde Hitler la conoció en 1929, dos años antes de la muerte de Geri. Eva fijó su interés en Hitler y le deslizaba *cartas de amor* en los bolsillos de vez en cuando. En una ocasión Geli descubrió un mensaje de Eva y es posible que sus celos continuos la condujeran al suicidio. Muy pronto, Eva se volvió la amante de Hitler, se instaló en un apartamento de Múnich, pero después se mudó al Berghof en Berchtesgaden. Uno de los choferes de Hitler, Erich Kempke, dijo años después que ella era la mujer más infeliz en Alemania y que pasaba la mayor parte de su vida esperando a Hitler. Como compañía a menudo invitaba a sus hermanas Ilse y Gretl a que la visitaran. En

1944 se hicieron arreglos para que Hermann Fegelein (a la larga promovido a general de división) se casara con Gretl, lo cual era de alguna manera una vergüenza para Hitler. También significaba que Eva podría llegar a funciones oficiales ostensiblemente con su hermana y cuñado. Sin embargo, parece que menos de un año después Hitler hizo que ejecutaran a Fegelein por sospecha de deserción.

Después de dos años con Hitler, Eva se dio un balazo, la imagen repetida del suicidio de Geli, o casi. Hitler estaba desesperado y le compró flores mientras se recuperaba poco a poco. Después de discutir con el médico le dijo a Hoffmann: "Lo hizo por amor a mí. Ahora debo cuidarla; no debe pasar de nuevo".

Más adelante, Eva escribió en su diario: "Estoy infinitamente feliz de que me ame tanto y ruego que siempre sea así". Sin embargo, trató de suicidarse una segunda vez en 1935 con una sobredosis (no demasiada) de pastillas para dormir. Al encontrarla su hermana, la salvó un doctor judío que con tacto le dijo a Hitler que fue una sobredosis accidental causada por cansancio. Eva asistió al Mitin de Núremberg en 1936 discretamente en segundo plano. El Berghof de Hitler se convirtió en su jaula de oro. El personal se refería a ella como "EB", se dirigía a ella como "madame" y le besaba la mano, y ella llamaba "Jefe" a Hitler. Con el paso de los años intercambiaron cientos de cartas.

Hitler y el suicidio

HENRIETTE VON SCHIRACH, hija del fotógrafo Heinrich Hoffman, una belleza célebre cuyo nombre en un tiempo se vinculó con el de Hitler, estaba casada con Baldur von Schirach, el jefe del movimiento de las Juventudes de Hitler. Ella escribió en 1952: "Creo que hay ciertas personas que atraen la muerte y Hitler con claridad era una de ellas". Es seguro que él tendía al suicidio después del putsch de Múnich de 1923, de la crisis de Strasser de 1932 y tal vez después de que ordenó la ejecución de su amigo Ernst Röhm durante la "Noche de los Cuchillos Largos". Una novia, Mimi Reiter, trató de suicidarse en 1926, Geli, su sobrina y amante lo logró en 1931, Renate Müller, otra amiga, en 1937. Otros suicidios fueron Inge Ley, esposa del político nazi, el doctor Robert Ley, Unity Mitford en 1939 (sobrevivió hasta 1948) y Eva Braun, que al final tuvo éxito cuando tragó cianuro unas horas después de su matrimonio con Hitler.

Gleichschaltung: la "sincronización"

MIL NOVECIENTOS TREINTA Y TRES fue un año maravilloso para Hitler. Pero fue un año terrible para Alemania. Fue el año de "la coordinación de la voluntad política". En enero se realizaron desfiles nazis en Berlín y en febrero se anunciaron no menos de treinta y tres decretos prohibiendo reuniones o publicaciones po-

líticas rivales y se disolvió el parlamento prusiano. Se
allanaron las oficinas del Partido Comunista. El 27 de
febrero tuvo lugar el incendio del Reichstag y se dieron poderes de emergencia a Hitler por decreto presidencial. En marzo, Göring, por órdenes de Hitler,
reunió y encarceló a miles de comunistas y otros elementos de oposición, y se abrió Dachau, el primer
campo de concentración, al que seguirían no menos de
cincuenta para el final del año. Las últimas elecciones
libres tuvieron lugar en marzo, donde los nazis recibieron 44 por ciento del voto. La SA, los camisas cafés,
las renuncias forzadas de gobierno del estado alemán.
Prusia había sucumbido, ahora se reprimió a Baviera.
Se nombró a Heinrich Himmler presidente de la Policía de Baviera. Se otorgaron amnistías a todos los nazis
que habían cometido crímenes durante los años de lucha de *Kampf*. Se aprobó la *Ermächtigungsgesetz* o Ley
Habilitante, dando a Hitler poderes extraordinarios
por los siguientes cuatro años. Se nombró a Goebbels
ministro de Propaganda. Se aprobó la Primera Ley
para la Coordinación de los Estados con el Reich, dando control total al canciller. En abril se boicotearon las
tiendas y los profesionistas judíos. En mayo se prohi-
bieron todas las publicaciones no nazis y todos los sindicatos laborales. Ese mismo mes Goebbels organizó
la "Quema de libros", un acto escandaloso. En julio,
los nazis se convirtieron en el *único* partido legal. En
octubre Hitler, que se había convertido en canciller
en enero, retiró a Alemania de la Liga de las Nacio-

nes. En noviembre, se fundó el movimiento *Kraft durch Freude* ("Fuerza mediante la Alegría"). El Referéndum Nacional de noviembre mostró que 95 por ciento de la población aprobaba la política nazi.

Es poco probable que cualquier país sofisticado y civilizado en el mundo hubiera renunciado a sus libertades con tanta rapidez, y al parecer con tan buena disposición, como en el año del *Gleichschaltung* o "sincronización", mientras el régimen nazi establecía y consolidaba el control total sobre la nación.

Um Blut und Boden: "Sangre y tierra"

AUNQUE HITLER había sido toda su vida una criatura urbana, era un apasionado defensor de las políticas de "sangre y tierra". Abreviado a *Blubo*, la palabra avalaba la relación primitiva del campesino alemán (su sangre) con la Tierra (*Boden*). Hitler había recibido la influencia de Richard Walter Darré, un antiguo miembro del partido y amigo que escribió un libro sobre los campesinos alemanes: *Fuente de vida de la raza nórdica.* Nombraron a Darré asesor de agricultura y su programa de campesinos se publicó con el nombre de Hitler el 6 de marzo de 1930. Además de ayuda económica para los granjeros alemanes, había créditos estatales, reducción y remisión de impuestos, aranceles de protección más elevados, abonos artificiales más baratos, electricidad más barata y revisión de las leyes de herencia. El tenor de las propuestas era enfatizar el valor de los campesinos y las actividades agrícolas en la población como un todo. Darré organizó a los granjeros nazis como "NS-Bauernschaft" en 1933. Hitler más adelante dijo: "Darré llevó a cabo dos acciones bien: la ley de la herencia agraria y la regulación de los mercados". Hitler estableció una Asamblea Nacional de Campesinos con un Festival de la Cosecha, promoción del arte local y de campesinos y la utilización de trajes regionales y alentó las danzas "germánicas". El *Kreisbauernschaft* era una agencia gubernamental autorizada por Hitler para reunir canciones populares, rituales, cantos y danzas rurales. Y alentó las aldeas modelo y los "pueblos nacionales de campesinos".

Los demagogos

ALBERT SPEER tenía quince años de servicio con Hitler y Goebbels, los dos principales creadores de discursos nazis, y escribió de ellos que comprendían cómo liberar los instintos de masa en sus reuniones, cómo jugar con las pasiones que debilitan el barniz de vida ordinaria respetable. Demagogos con práctica, logaron fusionar a los trabajadores, pequeños burgueses y estudiantes reunidos en una multitud homogénea cuyas opiniones podían moldear como querían. Ésa fue su opinión en 1930, pero cuando Hitler llegó al poder en 1944, la situación se alteró. Ahora, de hecho, los dos políticos fueron moldeados por la multitud misma, guiados por sus anhelos y ensoñaciones. Por supuesto, Goebbels y Hitler sabían cómo penetrar en los instintos de sus públicos, pero en un sentido más profundo extraían toda su existencia de esos públicos. Es seguro que las multitudes clamaban al ritmo dictado por las batutas de Hitler y Goebbels. Sin embargo, no eran verdaderos conductores. La multitud determinaba el tema. "Para compensar miseria, inseguridad, desempleo y desesperación, esta reunión anónima se regodeaba por horas cada vez en obsesiones, salvajismo y libertinaje. No era un nacionalismo ardiente… El frenesí exigía víctimas. Y Hitler y Goebbels les arrojaban víctimas".

"DEMOSTRACIÓN ESPONTÁNEA OBLIGATORIA"

La Hora de Hitler

CUANDO HITLER SE VOLVIÓ canciller del Reich en enero de 1933, el *Daily Express* de Londres imprimió un artículo el 31 de enero con el título: "La Hora de Hitler". Continuaba: "¿Qué hará ahora?… ¿Charlatán o héroe? Han sido muchos los que han llamado a Hitler cualquiera de estos nombres. Ahora los eventos decidirán cuál de ellos unirá a él".

Gemütlichkeit

HITLER FUE ASEDIADO por las mujeres después de que llegó a canciller. Le enviaban cientos de cartas todas las semanas. Lo perseguían mujeres de todas edades. No le interesaba en particular belleza, ingenio ni clase y con seguridad nunca se hubiera casado con una extranjera. Lo que deseaba era *gemütlichkeit*, una intimidad doméstica, no amenazadora. "Una mujer", declaró, "debe ser una cosita atractiva, mimosa, ingenua… tierna, dulce y tonta".

Caricaturas del Führer

EL FÜHRER tenía un extraño pasatiempo: coleccionaba las caricaturas de él mismo que aparecían con frecuencia en la prensa alemana, con seguridad hasta 1933, aunque con mayor cautela después. Con el permiso de Hitler, Putzi Hanfstängl decidió emplear las caricaturas para propósitos de propaganda, con un cuidadoso comentario explicando el mito detrás de las "mentiras" de los caricaturistas. Así apareció un libro de 174 páginas titulado: *Hitler in der Karikatur des Welt* (*Hitler en las caricaturas del mundo*), una compilación de imágenes de Ernst Hanfstängl. Putzi, por supuesto, tenía acceso a las caricaturas publicadas en Estados Unidos. Aparecieron tres ediciones, en 1933, 1934 y 1938, y todas las ganancias fueron para Putzi. ¿Dónde están las caricaturas originales ahora?

El incendio del Reichstag (1)

El edificio del Reichstag, una estructura cuadrada de piedra con domo y columnas corintias, construido en 1894, albergaba al parlamento en Berlín. El 27 de febrero de 1933, un mes después de que Hitler llegó a canciller del Reich, el edificio ardió hasta los cimientos. Hitler estaba cenando esa noche con Joseph y Magda Goebbels. Mirando hacia afuera de la ventana podía ver las llamas en el cielo sobre el Tiergarten y de inmediato gritó: "¡Son los comunistas!" Él y Goebbels de inmediato se dirigieron al ardiente Reichstag donde encontraron a Hermann Göring ocupado en salvar los valiosos tapetes gobelinos (que eran de su propiedad privada). Desde agosto de 1932 había sido presidente del Reichstag y entonces vivía en el cercano y viejo palacio presidencial prusiano. Como si fuera planeado, Göring gritó: "Es el inicio de un levantamiento comunista. No debemos perder ni un momento". Hitler se lanzó a toda velocidad. "Ahora les mostraremos. Cualquiera que se ponga en nuestro camino será acribillado. El pueblo alemán ha sido suave por demasiado tiempo. Se debe colgar a todos los diputados esta misma noche. Se debe encerrar a todos los amigos de los comunistas…" De inmediato, la SA arrestó a 4,000 comunistas importantes, además de muchos socialdemócratas y liberales, incluyendo a miembros del Reichstag que por lo general eran inmunes al arresto. Se acusó a un incendiario, un joven comunista holandés ingenuo, Marinus van der Lubbe, y después de estar encarcelado y del juicio se le decapitó. La evidencia forense mostró que el incendio había sido iniciado en forma tan profesional en diversas partes del edificio que un hombre solo no lo hubiera podido hacer; era claro que a van der Lubbe le habían dado ayuda experta. El proceso con fines propagandísticos en Leipzig en septiembre absolvió a los principales comunistas: Torgeler, Dimitrov y muchos otros. Göring, *Der Dicke* ("el gordo") como lo llamaban los berlineses, vociferó y despotricó en el juicio y lo ridiculizaron en la prensa mundial. Parecía casi como si los nazis estuvieran en juicio.

El incendio del Reichstag (2)

Queda la probabilidad de que Hitler deseaba eliminar los alrededor de cien escaños comunistas entre los 600 diputados del Reichstag. Hitler controlaba 250 escaños, lo que no era del todo un control general de la cámara. Así que habló con Hermann Göring, su delegado y ministro del Interior de Prusia, el cual habló con el departamento de inteligencia de las SS de Reinhard Heydrich (*Sicherheitsdienst*) y la noche del 27 de febrero los agentes de SD entraron en secreto al Reichstag mediante un túnel subterráneo que conectaba la residencia oficial de Göring con una bodega en el parlamento. Después del incendio, Hitler persuadió al presidente Hindenburg para firmar un decreto "para la Protección del Pueblo y el Estado", una orden que suspendía los derechos humanos y la libertad de expresión. En las elecciones de marzo, después de un frenesí de los medios de comunicación por parte de Goebbels y el encarcelamiento de los diputados comunistas, el Partido Nazi de Hitler logró 5 millones de votos con el 44 por ciento de la votación. Con otra ley más, "Ley para la Eliminación de la Angustia del Pueblo y el Reich", Hitler logró el control del parlamento.

Las flechas de Plata de Hitler

La magnífica industria automotriz de Alemania debe su fama en parte al dinamismo y amor a los autos de Hitler. En 1933, propuso en persona al doctor Ferdinand Porsche su idea de un auto pequeño y asequible: el Volkswagen ("El auto de la gente". Porsche ya había estado trabajando en algo similar por años y tenía dos prototipos trabajando en 1935. "Después de la guerra", comentó Hitler en junio de 1942, "el Volkswagen se convertirá en el auto por excelencia para toda Europa... es refrigerado y, por lo tanto, lo afecta muy poco cualquier condición invernal. No me sorprendería ver que la producción anual alcance algo entre un millón y millón y medio". Hitler alabó a Porsche, al que llamó: "el más grande ingeniero en Alemania. Tiene el valor para dar a sus ideas [el tiempo] para madurar". Hitler y el Partido Nazi proporcionaron fondos para el Sindicato de Automóviles y Mercedes Benz para producir los magníficos autos corredores Silver-Arrow, tipo D de 3 litros y 485 bhp (freno de potencia), que dominaron el Gran Prix en la década de 1930 (y después). Alcanzaban 400 kilómetros por hora durante carreras para récord de velocidad en tierra. Hitler, que era devoto a los automóviles, velocidad y peligro, se reunió con muchos de los triunfantes corredores de carreras alemanes. En 1937 otorgó al doctor Porsche el Premio Nacional de Arte y Ciencia del país.

Cruceros marinos para todos

EN ABRIL DE 1933, Hitler había sido canciller por tres meses de una economía en quiebra y un enorme desempleo. Prohibió el Partido Comunista (todos los seis millones de ellos) e introdujo estrictos controles de precios y salarios. Cerró todos los sindicatos laborales y en 1934 los fusionó en el DAF (Frente de Trabajo Alemán) con 30 millones de miembros, el mayor sindicato laboral en el mundo. El DAF fundó la fábrica de Volkswagen, fábricas de alimentos, un Banco Laboral Alemán, proyectos de vivienda, hoteles para las vacaciones de los trabajadores y casas de convalecencia para trabajadores enfermos. Se proporcionaron transatlánticos para vacaciones de manera que los trabajadores pudieran ver el mundo externo (pero sólo Europa). El DAF con regularidad recibía 95 por ciento de las cuotas de suscripción, lo que mostraba lo populares que eran los planes de Hitler para los trabajadores. Las fuerzas armadas se duplicaron con rapidez, luego se triplicaron, disminuyendo así el problema de desempleo. El DAF fue un sorprendente éxito. Hitler escribió: "En el futuro, todo trabajador tendrá sus vacaciones... unos cuantos días cada año que pueda acomodar como desee. Y todos podrán ir a un crucero en el mar una o dos veces en su vida".

Las "hojas cafés"

LAS INTERVENCIONES TELEFÓNICAS del *Forschungsamt* (FA) eran importantes medidas de seguridad que introdujo Hitler para controlar a su estado policiaco. Esta llamada "Oficina de Investigación", la red de espionaje del Reich, se estableció en abril de 1933 y la controlaba Hermann Göring. Las intervenciones telefónicas, que se imprimían en un papel café poco común, eran enviadas en cajas para envío cerradas o por correo neumático directo a ministros escogidos con cuidado. Algunas de las personas que se sabe eran espiadas son el ayudante de Hitler, Fritz Wiedemann, el gauleiter Julius Streicher, las varias amantes de Goebbels, la princesa Stephanie Hohenlohe y Unity Mitford. Se intervenía en forma rutinaria a los diplomáticos polacos, checos, franceses, británicos, italianos, japoneses y belgas, al igual que lo eran las embajadas británica y estadunidense en Berlín. También tenían "micrófonos ocultos" el corresponsal del *Times* de Londres y el líder de la iglesia, el pastor Martin Miemöller.

Más adelante, Churchill interceptaba con Ultra los informes diarios del Enigma alemán. Hitler tenía sus intervenciones telefónicas de la FA, grabando todos los días llamadas telefónicas entre "objetivos" clave en Alemania que se estaban comunicando al exterior con Londres, Nueva York, París y Moscú.

Los guardaespaldas SS de Hitler

En 1933, apenas antes del incendio del Reichstag, el Reichsführer SS, Heinrich Himmler, "descubrió" dos conspiraciones secretas contra la vida de Hitler. Una estaba encabezada por el conde Arco-Valley, la otra por tres agentes secretos soviéticos que al parecer ocultaron granadas para que el auto de Hitler pasara sobre ellas. Himmler también preparó otra cortina de humo de "intentos franceses contra la vida del canciller del Reich". Hitler vivía en constante temor de que lo asesinaran, así que le pidió a Himmler que estableciera una guardia especial de SS para su seguridad personal. Así se formó la guardia personal del Führer, la Lebstandarte SS Adolfo Hitler ("Regimiento de Guardaespaldas de SS para Adolfo Hitler"), bajo las órdenes de Joseph "Stepp" Dietrich, que más tarde promovieron a general de las SS y se convirtió en el soldado favorito de Hitler.

Arisierung o arianización

MUCHOS DE LOS ALREDEDOR de 525,000 judíos en la Alemania de preguerra que poseían negocios, fábricas y tiendas fueron el objetivo del pandillaje nazi. El primer boicot nazi de todas las tiendas y negocios judíos fue planeado en persona por Hitler para el 1 de abril de 1933. Esta represión fue supervisada por el general SA Julius Streicher. Se cubrieron las ventanas de las tiendas con lemas antisemitas y los clientes que trataban de entrar eran intimidados físicamente. Sin embargo, el historiador Saul Friedlander ha señalado que era cada vez más claro para Hitler que no se debía interferir abiertamente con la vida económica judía, al menos no mientras la economía alemana estuviera todavía en una posición precaria. De hecho, en fecha tan avanzada como 1938, el poderoso banco Dresdener todavía tenía cinco directores judíos y había tres judíos entre los ocho directores del Banco Central Alemán.

La segunda fase de la persecución fue que se despidiera a todos los 5,000 funcionarios civiles judíos y 30 por ciento de los 4,585 abogados judíos fueron expulsados por la Asociación Nacional de Abogados. Músicos, actores, productores de películas, boxeadores y médicos judíos pronto fueron expulsados de la barra, amenazados o destituidos.

El paladín del Führer

Hermann Göring, el cual recibió el título especial de Reichsmarschall y nombrado como sucesor de Hitler, estaba aterrado de éste y lo confesó al banquero Hjalmar Schacht: "Cada vez que me paro frente al Führer, el corazón se me va a los pies". Pero cuando el Partido Nazi tomó el poder en 1933, declaró: Ningún título ni distinción puede hacerme tan feliz como la designación que me confirió el pueblo alemán: "El más fiel paladino del Führer".

Unity: Acechar a Hitler

La Honorable Unity Valkyrie Mitford, conocida como "Bobo" para su familia, pudo haber sido amante de Hitler. Con seguridad fue amiga muy cercana en el periodo de cuatro años de 1935-39, cuando se reunieron en no menos de 180 ocasiones. Ella nació en 1919, trató de suicidarse dos veces y por último murió por los efectos del segundo intento en 1948. Era una joven rubia robusta de casi un metro ochenta de altura, con grandes ojos azules pálidos. Una formidable jactanciosa que disfrutaba de sorprender a la gente con sus peculiares mascotas: una rata y una serpiente, también era muy buena para reír tontamente y atrajo al joven Randolph Churchill. Con su hermana Diana visitó Núremberg en 1933 y admiró al Partido Nazi y a su líder en exhibición. A su regreso a Inglaterra, Unity asistió a mítines de la Unión Británica de Fascistas de sir Oswald Mosley, usando con orgullo una camisa negra, y vendió ejemplares de la revista *Blackshirt* de la Oficina de la Unión Británica de Fascistas en Oxford. Persuadió a sus padres para que la dejaran pasar un año en Alemania en una escuela de señoritas de Múnich para aprender el idioma. Se quedó con la baronesa Laroche en el 121 de Königinstrasse y trabajó duro en sus estudios del idioma alemán, usando camisa negra y la insignia de la Unión Británica de Fascistas en las clases. Después de decidir que quería conocer a Hitler, descubrió que él a menudo comía en el restaurante Osteria Bavaria y tomaba té en los salones de té Carlton. En junio de 1934 vio a Hitler en los salones de té, pero no lo conoció en esa ocasión. Su hermana, Nancy Mitford, caricaturizó a Unity en su novela *Wigs on the Green* como "Eugenia" una activista fascista.

Bocetos arquitectónicos de Hitler

DE ACUERDO A SPEER, Hitler todo el tiempo hacía bocetos que, aunque dibujados en forma casual, eran exactos en la perspectiva. Dibujaba contornos, cortes transversales y dibujos en perspectiva a escala que no podía haber hecho mejor un arquitecto. A veces mostraba a Speer un boceto bien ejecutado que había preparado de un día para otro, pero lo más frecuente era que sus dibujos se hicieran en unos cuantos trazos apresurados durante sus discusiones. Speer conservó 125 de los bocetos "rápidos", la cuarta parte de los cuales se relacionaba con el "Proyecto Linz" (abarcando museo, biblioteca, teatro, etc.), que siempre era muy querido para Hitler y muchos de ellos eran bocetos para teatros.

La Corte Inglesa

Leopold von Hoesch, el embajador alemán en Londres, envió un informe, el No. A2705, titulado: "Tema: relaciones germano-inglesas" el 16 de agosto de 1933 al ministro del Extranjero en Berlín, el barón Konstantin von Neurath, y de ahí a Hitler. Parte decía: "Debemos mencionar la corte inglesa donde todavía se puede encontrar verdadera simpatía por Alemania. De seguro, el rey Jorge [V] se ha vuelto más y más crítico en su actitud hacia la revolución alemana y diversas declaraciones que sé que ha hecho recientemente distan de ser amistosas. Por otro lado, la reina [María, que era alemana por nacimiento] y diversos príncipes y princesas que están relacionados por vínculos familiares con Alemania todavía abrigan sentimientos cálidos por nuestro pueblo y país y también cierta simpatía o, como sea, un vivo interés en los sucesos alemanes más recientes. Más marcadas son las simpatías y el interés en el caso del sucesor del trono, el príncipe [de Gales, brevemente el rey Eduardo VIII, de enero a diciembre de 1936], con el que a menudo tuve oportunidades de compartir una discusión franca y detallada".

Eduardo VIII era bilingüe en alemán, hablándolo con regularidad con su madre y el antes con el káiser Guillermo II, "el tío Willi", su tío favorito. Como el duque de Windsor después de abdicar continuó su amistad con el régimen nazi.

La apariencia de Hitler:
un punto de vista masculino

William Shirer, el periodista estadunidense de CBS en Berlín por gran parte del periodo preguerra y hasta diciembre de 1940, esperaba a su llegada ver a un "dictador loco y bruto". En lugar de eso, encontró un hombre con una cara "más bien común". "Era tosco. No era fuerte en particular. A veces cuando era obvio que estaba fatigado por los largos discursos, las horas pasadas en pasar revista a sus tropas, parecía flácido... Medía alrededor de un metro setenta y cinco y pesaba alrededor de 68 kilos. Sus piernas eran cortas y sus rodillas se desviaban un poco hacia adentro de manera que parecía un poco patizambo. Tenía manos bien formadas con dedos largos y gráciles que recordaban los de un pianista de concierto y los usaba con efectividad... en gestos durante un discurso o cuando hablaba de manera informal con un grupo pequeño. Su nariz traicionaba su lado brutal. Era recta pero más bien grande y ensanchada en la base, donde los gruesos agujeros de la nariz la hacen más amplia... Su boca era muy expresiva y podía reflejar diversos estados de ánimo".

Fuerza mediante la alegría: la Raza Superior

El doctor Robert Ley, líder del Frente Laboral Alemán (DAF), en 1933 propuso por primera vez *Kraft durch freude* o "Fuerza mediante la Alegría". Basado en los fondos confiscados a los sindicatos originales, se creó un inmenso negocio para financiar el *Kraft durch Freude*. Era una imitación del *dopo lavoro* o *nach der arbeit* ("después del trabajo"). Pero Hitler ya había adoptado algunas de las filosofías de Nietzsche, que alababa la fuerza y denunciaba la debilidad en prosa mordaz. De 1880 a 1914, el *Arbeiterturnerbund* (Asociación Gimnástica de los Trabajadores) había alentado a millones de alemanes a dedicarse a la educación física. Ella y el *Deutsche Turnerschaft* de más alto nivel, juntos, llegaban a dos y medio millones de miembros. Los deportes y los juegos se introducían de Inglaterra: futbol, tenis, natación, polo acuático, boxeo, lucha, atletismo, remo y montañismo (pero no cricket). Hitler incluso aprobaba que las mujeres boxearan y lucharan. Su SA organizó sus propios distintivos y competencias de deportes del Reich. Desde 1933, los subsidios para vacaciones, instalaciones deportivas, cruceros, baile, conciertos, películas, exhibiciones, teatro y conciertos estaban diseñados todos por Hitler para elevar la condición física de la nación… no necesariamente para propósitos pacíficos. Pero él mismo dijo: "A veces la gente me pregunta por qué no participo en juegos. La respuesta es simple: ¡No soy bueno para los juegos y me niego a hacer el tonto!"

Hitler: el enigma

Sir Maurice Hankey, secretario del gabinete británico, escribió el 24 de octubre de 1933: "¿Todavía estamos enfrentando al Hitler de *Mein Kampf* arrullando a sus oponentes para que duerman con palabras hermosas con el fin de ganar tiempo para armar a su pueblo?… ¿O es un nuevo Hitler que ha descubierto la carga del puesto responsable? Ése es el enigma que hay que resolver". Hitler tenía diez días antes de retirar a Alemania de la Liga de Naciones. El gobierno británico no podía valorar al nuevo régimen en Alemania a pesar de los excelentes informes instructivos de sir Horace Rumbold, el embajador británico en Berlín.

"Aterradoramente rígido y rimbombante"

Stephanie von Hohenlohe, nacida Richter (1891-1972) se convirtió en princesa al casarse con el príncipe Friedrich von Hohenlohe, en Westminster en mayo de 1914. Era ciudadana del Imperio Astro-Húngaro y la mayor parte de sus amantes eran hombres poderosos e influyentes. Para 1932, había persuadido a su amigo, lord Rothermere, el propietario del periódico, para que le diera un contrato por tres años como su agente, que continuó en vigor hasta 1938 y le hizo ganar más de 1 millón de libras en dinero actual. Viajó a Hungría, Holanda y Alemania y en 1937 se convirtió en la amante del auxiliar de Hitler, Friedrich Wiedemann, comandante de la compañía de Hitler en la Gran Guerra. En diciembre de 1933 conoció a Hitler y le entregó una carta de lord Rothermere, sugiriendo una reunión. Su *Daily Mail*, un periódico de circulación de masas, a menudo tenía artículos sobre las virtudes de la Alemania Nazi. El Führer empleaba su chamarra usual de estilo militar color beige, camisa blanca, corbata café sujeta con un alfiler de corbata con forma de swástica y pantalones negros de uniforme, además de calcetines negros y guantes de charol negros. La princesa Stephanie pensó que se veía como un oficinista sin importancia, y muy ordenado. Hitler la besó en la mano y le dio té, pero Stephanie, vienesa y dedicada esnob social, pensó que su acento austriaco era "de la clase más baja, como alguien que intenta expresarse en un idioma con el que no nació. Horriblemente rígido y rimbombante". Al volver a Londres con la carta de Hitler, se pagó al "agente" de Rothermere una bonificación de 2,000 libras esterlinas y en la prensa apareció una fuerte campaña a favor de Hitler, en los periódicos del barón.

La purga de sangre (1)

El 30 de junio de 1934, el antiguo amigo de Hitler, Ernst Röhm, jefe de la SA de los camisas cafés tramó una "segunda revolución". Ese día llegó a conocerse como la "purga de sangre" o la "Noche de los Cuchillos Largos". La SA tenía 4 millones y medio de miembros, en su mayor parte exsoldados peligrosos y desempleados, los cuales frecuentaban las cervecerías de Múnich. Su uniforme, el saludo con el brazo elevado y la swástica tenían su origen en el recién desbandado Freikorps. A menudo la SA chocaba con los 100,000 hombres de la *Schutztaffel* de elite de Himmler, las SS. Los partidarios cercanos de Hitler, Göring, Werner von Blomberg (ministro de Defensa), Himmler, Reinhard Heydrich, Werner Best y Victor Lutze (un líder de la SA que deseaba derrocar a Röhm), todos le pidieron actuar contra la SA. Hitler voló a Múnich con Goebbels al amanecer del 30 de junio en la Operación Colibrí, condujo a Bad Weisee y arrestó a Röhm y a otros líderes de la SA. La prisión de Stadelheim estaba llena de prisioneros de la SA. La Operación Colibrí fue la señal para que Göring en Berlín llevara a los líderes de la SA local a la escuela de cadetes del ejército de Lichterfelde, donde mataron a todos. Hitler hizo que Theodor Eicke matara a su buen amigo Röhm en su celda el 1 de julio. En la masacre, el anterior canciller del Reich, el general von Schleicht y su esposa, Gregor Strasser, un nazi radical clave y otro de los amigos de Hitler, Edmund Heines, jefe nazi de Silesia, el doctor Erich Klausner y Gustav von Kahe fueron asesinados. En su discurso del Reichstag el viernes 13 de julio, Hitler gritó: "El tribunal supremo del pueblo alemán durante esas veinticuatro horas era yo". Afirmó que "sólo" habían matado a diecinueve hombres de alto nivel de la SA y a otros cuarenta y ocho de bajo nivel, más trece que "se resistieron al arresto" y tres se suicidaron. Es probable que en la "purga de Röhm" mataran a más de mil, en su mayor parte de la SA, pero también a otros por simple venganza.

En cuanto a Hitler, dijo a su leal secretaria, Christa Schröder: "¡Listo! Ahora he tomado un baño y me siento limpio de nuevo como un bebé recién nacido".

The Times y Hitler

En 1931, Geoffrey Dawson, editor de *The Times*, conoció a Alfred Rosenberg, que se había unido al movimiento de Hitler en 1920 y llegado a editor del periódico del Partido Nazi, el *Völkischer Beobachter*. Rosenberg impresionó a Hitler con sus puntos de vista sobre el racismo y el comunismo, y su filosofía similar. Escribió: "El Curso Futuro de la Política Alemana en el Extranjero" y fue anfitrión en Alemania de gran cantidad de personas eminentes de Inglaterra, incluyendo varios pares, dos generales, un almirante y diversos periodistas. En 1933, mientras Göring y sus tropas de asalto intimidaban al electorado y la persuasiva propaganda de Goebbels surgía al máximo, *The Times*, escribió con cuidado: "Nadie duda la sinceridad de Herr Hitler. Que casi 12 millones de alemanes le sigan ciegamente dice mucho de su magnetismo personal".

Cuando Hitler retiró a Alemania de la Conferencia de Desarme en Ginebra y de la Liga de Naciones en octubre de 1933, Geoffrey Dawson defendió "El Caso Alemán" en *The Times*, arguyendo que su impaciencia había sido comprensible y "se debe dar la oportunidad a Hitler de mostrar que es algo más que un orador y un agitador". Incluso después de la infame "Noche de los Cuchillos Largos" el 30 de junio de 1934, *The Times* llegó a la conclusión de que "durante los próximos años hay más razón para temer por Alemania que de Alemania".

La purga de sangre (2)

Diez años después de la "purga de sangre" de 1933, Hitler contó a Speer lo emocionado que estuvo en los días que siguieron a las masacres de la SA; cómo se había abierto paso por la fuerza al hotel Hanselbauer en Wiesee. "Estábamos desarmados, imagínalo, y no sabíamos si esos cerdos tenían o no guardias armados para usar en nuestra contra... En una habitación encontramos a dos chicos desnudos en la cama [Heines y su amigo, a los que mataron]. Sólo yo podía resolver este problema [sofocar el putsch]. ¡De nadie más!" Los periódicos informaron que el presidente Hindenburg había alabado oficialmente al canciller Hitler y al primer ministro prusiano Hermann Göring por su rápida acción. Hitler estaba encantado: "Cuando las circunstancias lo requieren, uno no debe rehuir la acción más extrema. Uno también debe ser capaz de derramar sangre".

Una teoría es que Stalin en el Kremlin, donde se recibió con aprobación la "purga de Röhm", había instigado rumores mediante el sistema de inteligencia soviético sobre las intenciones de Röhm. Röhm favorecía la alianza con Francia más que con la URSS, que no era lo que Stalin deseaba.

Garantía de Göring:
"Ningún avión enemigo"

La obra maestra clave en el grandioso plan hitleriano para el futuro, la Adolfo Hitler Platz en Berlín, iba a ser la gran sala abovedada… una cámara de asamblea para 1,200 diputados, representando una población alemana futura de 140 millones. Contendría a más de 150,000 personas paradas, un diámetro de 250 metros y se elevaría a una altura de 220 metros. El interior sería dieciséis veces mayor en volumen que San Pedro en Roma. El domo estaría coronado por un águila con una swástica. Se habló con el ministerio del Aire del Reich de los planes para una construcción que actuaría como la guía de navegación ideal para bombarderos enemigos, pero Hitler respondió a sus dudas: "Göring me ha asegurado que ningún avión enemigo entrará a Alemania. No permitiremos que algo de ese tipo se interponga en nuestros planes".

"Sepp": "Astuto, enérgico y brutal"

JOSEF "SEPP" DIETRICH (1892-1966) fue el soldado favorito de Hitler. Sargento mayor en la Gran Guerra, era un ejemplo típico del antiguo luchador callejero nazi y del chico pendenciero. Peleó con los Freikorps en 1919 y en 1928 se unió al Partido Nazi, convirtiéndose pronto en un comandante de tiempo completo de la guardia personal de las SS de Hitler. El 3 de enero de 1942, el Führer describió a Sepp: "El papel de Dietrich es único. Siempre le he dado la oportunidad de intervenir en situaciones difíciles. Es un hombre que a la vez es astuto, enérgico y brutal. Bajo su apariencia de bravucón, Dietrich es un carácter serio, concienzudo y escrupuloso. ¡Y como cuida de sus tropas! Es un fenómeno en la clase de personas como Frundsberg, Ziethen y Seydlitz. Es un wranger bávaro, alguien irremplazable. Para el pueblo alemán, ¡Sepp Dietrich es una institución nacional! Para mí en lo personal, también está el hecho de que es uno de mis compañeros más antiguos en la lucha".

Dietrich se convirtió más adelante en mayor general de las SS encargado del Leibstandarte de elite Adolfo

Hitler que realizó trabajos de ejecución especiales en la purga de Röhm de 1934. Combatió en Francia, Grecia, Rusia y dirigió el Primer SS Cuerpo Panzer en Normandía en 1944 y el Sexto Ejército SS Panzer en la batalla de las Ardenas a mediados del invierno de 1944-5. Su ejército ya muy reducido fue enviado a defender Viena en la primavera de 1945 y cuando fue aplastado por la fuerza devastadora rusa, Hitler lo destituyó lleno de ira. Fue afortunado de sobrevivir y, a pesar de las sentencias de prisión, de vivir hasta abril de 1966.

Películas de Hitler

GOEBBELS A MENUDO PRESENTABA selecciones de películas a su Führer. Se exhibían en el salón de música de la cancillería del Reich o en Berghof. Todas las tardes se preparaba un burdo proyector de películas para mostrar un carrete de noticias y una o dos películas. Por lo general, Hitler deseaba dos películas todas las tardes y hacía comentarios sobre la marcha, a menudo vetando una película a la mitad y saliendo disgustado. Favorecía películas de entretenimiento ligero, amor y sociedad, pero no las comedias (Chaplin y Buster Keaton estaban fuera). Dos de sus favoritas eran *El motín del Bounty* y *El sabueso de los Baskerville*. Eran populares las películas con Emil Jannings, Heinz Rühmann, Henny Porten, Lil Dagover y Jenny Jugo, y a menudo se exhibían caricaturas de Mickey Mouse y revistas musicales con mucha exhibición de piernas. Era un admirador confeso de Shirley Temple y Jeanette MacDonald, y "Donkey Serenade" era su melodía favorita de película de Hollywood.

Rassenkunde: Lavado de cerebro de ciencia racial

HITLER, que nunca había perdonado a quienes le negaron la entrada a la Academia de Bellas Artes de Viena, tenía un desprecio fulminante por los maestros y las instituciones académicas. Escribió en *Mein Kampf* que la educación "no debe tener como meta primaria llenar a alguien con simple conocimiento sino de construir cuerpos que sean físicamente sanos hasta el fondo" y entrenarlos para servir a "un nuevo estado nacional". Con este fin, Hitler hizo de un maestro provincial desempleado, el Obergruppenführer, el doctor Bernhard Rust, antiguo gauleiter de Hanover (al que despidieron basándose en "inestabilidad mental"), el ministro de Educación. La fanfarronería de Rust era que estaba "liquidando la escuela como institución de acrobacias intelectuales". Su trabajo era "nazificar" el sistema de educación. Por largo tiempo, Alemania había tenido una magnífica reputación por sus universidades y escuelas de primera clase. En los primeros cinco años del gobierno de Hitler, se despidió a cerca de 3,000 profesores e instructores en universidades... la cuarta parte del total. La inscripción en la universidad se redujo en seis años de 127,920 a 58,325. En los institutos de tecnología el número de científicos e ingenieros cayó de 20,474 a 9,554. La Universidad de Berlín con el nuevo rector pronto tenía cinco nuevos cursos... de ciencia racial.

Jerarquía

Entre el 1 y el 10 de enero de 1934, Hitler publicó una serie de "notas de agradecimiento" en "su" periódico, el *Völkischer Beobachter*. La jerarquía en ese tiempo era Hess, Schwarz (tesorero del Partido Nazi), Max Amann, Himmler, Röhm, Goebbels y Rosenberg. Luego seguían Göring, Robert Ley, Baldur von Schirach (jefe del Movimiento de las Juventudes Hitlerianas), Walter Buch (presidente de USCHLA, el tribunal disciplinario nazi), Franz Seldte (líder del Stahlheln, la asociación de exsoldados militantes) y por último Richard Walter Darré (organizador de los trabajadores agrícolas nazis de NS-Bauernschaft, que se convirtió en ministro de Alimentos y Agricultura). Es interesante que Göring, octavo en la lista, se convirtiera en el sucesor designado de Hitler.

Un conducto al palacio de Buckingham

Leopold von Hoesch, el embajador alemán en Londres a principios de la década de 1930, fue recibido en el castillo de Windsor el 25 de abril de 1934 por el rey Jorge V, la reina María, el duque de Kent (el príncipe Jorge) y otros miembros de la familia real. Hoesch envió un informe a Berlín: "El rey entabló conmigo una larga conversación política y no dudó en expresar algunas críticas adversas a la paz establecida de Versalles [música para los oídos de Hoesch]. En relación con esto, mencionó la guerra misma [la Gran Guerra] como una locura humana, responsable por consecuencias tan deplorables". El rey Jorge continuó para decir que "mientras estuviera vivo, Inglaterra no volvería a participar en la guerra. En consecuencia, por su firme convicción de que una nueva guerra significaría la ruina de todos, haría todo lo que estuviera en su poder para prevenir toda posibilidad de guerra".

Los primos de la familia real en San Petersburgo habían sido destruidos por la Revolución Rusa de manera que no había cariño por los bolcheviques en el castillo de Windsor. Y estaba claro que el principal objetivo de Hitler era derrotar el bolchevismo. No es sorprendente que Rosenberg informara a su señor, Adolfo Hitler, que había "un conducto al palacio de Buckingham".

La "bandera de sangre" de la swástica y el Reich de mil años

El mitin de Núremberg que comenzó el 4 de septiembre de 1934 estuvo organizado en forma maravillosa y alarmante. En la enorme sala Luitpold había casi 30,000 partidarios nazis. Hitler había devuelto la pompa a Alemania. Una gran orquesta sinfónica tocaba la

Marcha Badenweiler, una marcha militar compuesta por Georg Fürst para el Regimiento Real de la Infantería Bávara durante la Gran Guerra, que era favorita de Hitler y que entonces sólo se tocaba cuando el Führer participaba en una ocasión especial. Hitler apareció en la parte de atrás del auditorio, seguido por Hermann Göring, Joseph Goebbels, Rudolf Hess y Heinrich Himmler… los cinco individuos que controlaban el Tercer Reich. Todos estaban vestidos con uniforme café, excepto Himmler, que traía atuendo negro de las SS. En cuanto los jefes nazis se sentaron en la enorme plataforma que tenía detrás la "bandera de sangre" de la swástica del putsch de Múnich y 500 estandartes de la SA, la orquesta tocó la obertura *Egmont* de Beethoven. Grandes lámparas de carbón se movían por el escenario mientras Rudolf Hess, el alto, fuerte y brutal suplente de Hitler, leía en voz alta y lenta los nombres de los llamados "mártires" nazis que habían sido asesinados durante el putsch. Hitler estaba cuidando su voz ya que estaba programado para siete discursos durante el mitin así que Adolf Wagner, líder regional del partido, o gauleiter, de Baviera, leyó en voz alta el discurso del Führer a los 30,000 fieles. "La forma alemana de vida está decidida en forma definitiva por los siguientes mil años. No habrá revolución en Alemania por los siguientes mil años".

Más caricaturas de Hitler

En septiembre de 1934, Putzi Hanfstängl hizo que se publicara su segundo libro, que contenía refutaciones para las caricaturas adversas a Hitler que surgían de la prensa mundial. Se llamó *Tat gegen Tinte* ("Hecho en relación con tinta") y era una mezcla de sátira y humor con temas como "Hitler der Friedensstörer" (Hitler el Alborotador) y "Hitler der Terrorist" y el enrevesado (traducido) "Hitler como Reaccionario Cultural, Supresor de la Cultura y Político Racista". Un epílogo del libro tenía la amistosa garantía de que había sido leído y aprobado por el Führer.

La prostituta turca

Putzi Hanfstängl tenía una importante reunión de relaciones públicas el 27 de abril de 1933 con Louis Lochner (Prensa Asociada), su aristocrática esposa, Hilde, el general Wilhelm Groener, el cónsul general de Estados Unidos, George Messersmith y otros personajes importantes. Putzi se negó a usar un uniforme del Partido Nazi y ordenó una tela de gabardina café chocolate de un sastre de Londres para convertirla en un uniforme con delicadas charreteras doradas. Putzi pensaba que se veía genial. Sin embargo, Hitler quedó horrorizado: "Te ves como una prostituta turca", dijo.

El "monje locuaz"

La primera vez que los dos dictadores europeos, Benito Mussolini y Adolfo Hitler, se reunieron fue el 14 de junio de 1934 en la Villa Real de Stra, cerca de Padua. El Führer estaba rodeado por una cohorte de hombres de las SS bien armados encabezados por "Sepp" Dietrich. Mussolini no quedó impresionado en absoluto. Se dio cuenta del cabello lacio y mal cepillado de Hitler y sus ojos pálidos, sus pantalones impermeables amarillos listados y los zapatos de charol. Por supuesto, Mussolini, una *bella figura*, como Duce apropiado, usaba un espléndido uniforme fascista con daga ceremonial y botas negras con espuelas de plata. Conversaron en alemán (Mussolini hablaba varios idiomas) y estuvieron de acuerdo en que les desagradaban Rusia y Francia. Sin embargo, Austria era la manzana de la discordia ya que era interés de Mussolini que Austria, donde los nazis estaban empleando tácticas "terroristas", se mantuviera independiente. La conferencia se transfirió a Venecia, donde Hitler habló sin parar y de memoria de su *Mein Kampf* al aburrido Duce, que después de la reunión expresó su desprecio por el "pequeño payaso tonto" y el "monje locuaz".

Facciones rivales

DESPUÉS DE 1933, el punto crítico, los principales actores crearon sus propias camarillas, pero no una base de poder. Goebbels se rodeó de estrellas literarias y del cine, productores y, en particular, de actrices. Hess tenía relaciones interesantes, disfrutaba la música de cámara e indagaba las medicinas homeopáticas. Himmler se convirtió casi en una deidad en su brutal jerarquía de las SS. Su celo misionero (al principio reclutó a hijos de príncipes y condes) hizo que se sintiera superior a los otros. "Der Grosse" Hermann Göring entretenía a su numerosa familia y a amigos de la Luftwaffe con esplendidez en Carinhall, su residencia de campo, y de una y otra forma se volvió muy rico; durante la guerra saqueó tesoros artísticos de toda Europa. Hitler mantenía unidos políticamente a estos cuatro grupos divergentes, ya que lo único que tenían en común era el éxito del Tercer Reich y su miedo al poder del Führer.

El paso de ganso perfecto

El Cuerpo de Servicio de Trabajo de Hitler, su *Arbeitsdienst*, se presentó al público alemán en Núremberg el 6 de septiembre de 1934. Cincuenta mil jóvenes con alto entrenamiento y semimilitares, jóvenes nazis fanáticos, estaban en desfile bajo la luz solar del principio de la mañana. En lugar de armas portaban brillantes espadas. Los primeros mil estaban desnudos hasta la cintura y sin advertencia empezaron a usar el paso de ganso perfecto, pavoneándose con orgullo. Esto tocó una fibra interna en el alma del pueblo alemán y decenas de miles de espectadores saltaron espontáneamente y gritaron su aprobación. Entonces los jóvenes del Servicio de Trabajo formaron un inmenso *Sprechchor*, un coro que cantaba y gritaba: "¡Queremos un líder! ¡Nada para nosotros! ¡Todo para Alemania! ¡Heil Hitler!" Unos cuantos años después esos orgullos jóvenes que hacían paso de ganso marcharon cruzando Polonia, Holanda y Francia.

¿Tal vez Duque de Linz?

HITLER PENSABA que todos los reyes eran en extremo estúpidos. A sus compañeros de cena el 5 de julio de 1942 les contó: "Más o menos un año después de la victoria de nuestro partido, uno de los antiguos potentados, [el príncipe] Rupprecht de Baviera, me envió un emisario para decir que estaba seguro que yo reconocería la necesidad de restaurar la monarquía [en Alemania]. El emisario, siguiendo sus instrucciones, continuó para decir con gran franqueza que yo no podía, por supuesto, continuar como canciller del Reich en la monarquía restaurada ya que mi presencia continua sería un obstáculo para la unificación del pueblo alemán. Sin embargo se me debería tratar de la forma más generosa y se me recompensaría... ¡con un ducado!" ¿Tal vez duque de Linz? Continuó: "El idiota imaginó que algún verdadero bobalicón podía tentarme para renunciar al liderazgo de este gran pueblo... ¡convirtiéndome en duque!".

Hitler: Admirador de Mickey Mouse

De mediados a finales de la década de 1930, Goebbels controló la producción de películas y teatro en Alemania. Censuró y clasificó para fines de impuestos toda película y leía guiones de películas casi todas las noches. Hitler y él eran admiradores apasionados del arte del cine. En un año Goebbels dio a Hitler treinta películas serias y dieciocho caricaturas de Mickey Mouse como regalos de Navidad.

Declaraciones de impuestos de Hitler

Las declaraciones de impuestos anuales de Hitler de 1924 a 1935 se pueden ver en los Archivos de Estado Bávaros o la Biblioteca Alderman de la Universidad de Virginia, Estados Unidos. Abarcan unos 200 artículos. Se encuentra un análisis completo en el artículo de O. J. Hale: "Adolfo Hitler, Contribuyente", en *The American Historical Review* de julio de 1955. Hitler se describió a las autoridades de hacienda como "escritor" y estaba sujeto al impuesto sobre la renta, impuesto sobre facturación (*umsatzsteuer*) por las ventas de *Mein Kampf* y el impuesto sobre la propiedad (*vermögenssteur*). Julius Schaub negociaba en nombre de Hitler, por lo general con Fritz Reinhardt, un nazi de mucho tiempo, que era secretario de Estado para el Ministerio de Finanzas del Reich.

Juego, set y partido

Después de un año como canciller del Reich y Führer, Hitler, que era delincuente con sus declaraciones de impuestos, presionó en forma bastante discreta al Ministerio de Finanzas. Como resultado, el 19 de diciembre de 1934, confirmado el 23 de febrero de 1935, un memorándum del doctor Lizius, jefe de la Oficina de Finanzas, de Múnich-Este, decía: "La orden de declarar al Führer exento de impuestos fue, por lo tanto, final. A partir de eso retiré todos los registros del Führer, incluyendo las tarjetas de impuestos, de la circulación oficial y los puse bajo candado". Juego, set y partido para el Führer exento de impuestos.

Las jóvenes Mitford: "Sentarse junto al sol"

Las dos hermosas hijas de lord Redesdale, Unity Mitford y su hermana Diana, conocieron a Hitler en 1935, cuando les advirtió de "los peligros judío y bolchevique". Ambas cayeron ante su embrujo, Unity comentando que sentarse junto a Hitler era "como sentarse junto al sol". Diana estaba en la agonía de divorciarse de Bryan Guinness, con el que tenía dos hijos, y casarse con el líder de la Unión Británica de Fascistas, sir Oswald Mosley, admirador de Mussolini y famoso mujeriego. En su segunda boda, entre los invitados estaban Hitler y Goebbels (que encontraba a las Mitford "aburridas como siempre") lo que horrorizó a la familia Mitford y escandalizó a la sociedad británica. Unity Mitford se volvió parte del grupo social de Hitler, con Albert Speer, el fotógrafo Heinrich Hoffmann y Martin Bormann. Un acuerdo tácito que reinaba en las achispadas comidas (el Osteria Bavaria, de Múnich, era un favorito) era que nadie debía mencionar la política, excepto Unity, que rogaba a Hitler que hiciera un trato con Inglaterra. En septiembre de 1939, cuando Inglaterra declaró la guerra a Alemania, Unity se dio un balazo con una pistola pequeña, apropiadamente, en el Englischer Garten de Múnich.

Hitler recordó en agosto de 1942: "Churchill y sus amigos decidieron la guerra en nuestra contra algunos años antes de 1939. Recibí esta información de lady [sic] Mitford; ella y sus hermanas estaban al tanto, gracias a sus relaciones con personas influyentes".

Los Mosley fueron arrestados en Inglaterra y estuvieron detenidos por tres años y medio.

Paula Hitler

La hermana más joven de Hitler, Paula (1896-1960) vivió casi siempre en Viena, donde manejaba una tienda de arte y artesanías. Cuando su hermano Adolfo se volvió famoso, o notorio, cambió su nombre a Wolf. Nunca se casó y desde 1935 en ocasiones actuó como ama de casa en Berghof. Hitler le dio una pensión de 250 marcos por mes y en 1938 la aumentó a 500 marcos. En Navidad ofrecía darle dinero y también le ayudó a comprar una villa. Él también le dejó dinero en su testamento.

Hitler sobre la maternidad

HITLER DESEABA aumentar la población aria de Alemania. Mientras expulsaba, de una u otra forma, a los judíos y a los gitanos, encabezó una gran campaña por la maternidad. Declaró ilegal el aborto, prohibió las campañas para fomentar la anticoncepción, instituyó un sistema de préstamos para matrimonio (un certificado de 1,000 marcos del Reich para que una pareja comprara muebles) e hizo obligatorio que los maridos dejaran sus propiedades a sus esposas e hijos. Como la maternidad era la vocación más elevada para las mujeres alemanas, también debían ser fuertes en el aspecto físico, como las valquirias de la leyenda. Se formó la *Bund Deutscher Mädl* (*Liga de Muchachas Alemanas*) para todas las jóvenes de catorce años de edad (las que tenían menor edad se unían al *Jungmädel*). Se preparó un nuevo ideal de "doncellez aria" que incluía destreza física y vida "natural" al aire libre que incluiría un año de servicio en granjas o doméstico. Así las jóvenes en buena forma se convertirían en jóvenes esposas en buena forma y en madres jóvenes en buena forma.

El nicho del Führer

EN LA DÉCADA DE 1930, la admiración popular por Hitler estaba en su punto más elevado. La vasta mayoría de los alemanes ahora lo veneraban gracias a su poderosa retórica en la radio y a los mítines nazis. Goebbels mantuvo un interminable aluvión de adulación en los medios de comunicación. Se atribuían a Hitler todos los atributos de un superhombre. Su inasequibilidad aumentó su prestigio. El culto del Führer encontró expresión en las cartas y presentes que todos los días llegaban para él. A los ojos de muchos alemanes, en particular de las mujeres, Hitler como sustituto de Dios, se encontraba por encima de las preocupaciones terrenales. Si se percibían males, escándalos u horrores, debía ser porque el Führer no sabía nada de ellos. Muchas casas erigían en la sala, en lugar de una capilla religiosa, un "nicho del Führer" con su imagen rodeada con flores.

La oratoria de Hitler

Albert Speer describió el talento de Hitler para la oratoria: cómo en voz baja, con vacilación y en forma algo tímida, empezaba un tipo de conferencia histórica más que un discurso. Había algo atractivo al respecto... mucho más ya que iba en contra de todo lo que la propaganda de sus oponentes lo había llevado a uno a esperar: un demagogo histérico, un fanático chillando y gesticulando en uniforme. No permitía que el aplauso lo tentara a dejar su tono sobrio. Parecía como si estuviera presentando ingenuamente sus preocupaciones sobre el futuro. Su ironía se suavizaba de alguna for-

ma por un humor algo cohibido. Su encanto del sur de Alemania recordaba agradablemente a Speer su propia región de origen… Speer nació en Mannheim. Entonces desaparecía la timidez inicial; en ocasiones el tono se elevaba y Hitler hablaba con urgencia y con persuasión hipnótica. Speer era arrastrado en la ola de entusiasmo que producía el orador de una oración a otra. Barría todo escepticismo, cualquier reserva. No se daba a los oponentes la oportunidad de hablar. Los ciudadanos del Tercer Reich escuchaban hechizados y al final el aplauso era aplastante… incluso aterrador.

Sobre el honor

En una carta a lord Rothermere, el 3 de mayo de 1935, Hitler escribió: "Desde la [Gran] Guerra como político activo, he predicado sin vacilar la necesidad de ambas naciones [Inglaterra y Alemania] de enterrar el hacha para siempre. Estoy convencido que una comprensión de este tipo sólo puede tener lugar entre naciones honorables. Sostengo que no existe posibilidad de completar acuerdos con pueblos sin honor, y considero a este tipo de acuerdos como algo totalmente sin valor". Hitler implacablemente despreciaba todos los acuerdos políticos con la mayor parte de los países europeos y Rusia.

Investigación nuclear, Etapa 1

William Shirer se dio cuenta del estado cada vez más deficiente de la educación superior alemana en la década de 1930. Las grandes universidades alemanas en ese momento empezaban a enseñar lo que llamaban física *alemana*, química *alemana*, matemáticas *alemanas*. Hitler tenía gran respeto al profesor Philipp Lenard de la universidad de Heidelberg, laureado Premio Nobel en física (1920). Lenard se unió al Partido Nazi en sus primeros días y le dijo a Hitler que "la ciencia, como todo otro producto humano, es racial y está condicionado por la sangre". Atacó a Einstein y la Teoría de la Relatividad, persuadió a Hitler de que "los judíos visiblemente carecen de comprensión de la verdad... están en este aspecto en contraste con el científico de investigación ario con su deseo cuidadoso y serio por la verdad... así, la física judía es un fantasma y un fenómeno de degeneración de la física fundamental alemana". El profesor Wilhelm Müller del colegio Técnico Aachen y el profesor Ludwig Bieberback de la universidad de Berlín eran unánimes en su acuerdo: la física moderna, y esto incluía la física nuclear, era en realidad un intento de "gobierno mundial judío". Así, Alfred Rosenberg, quien más adelante sería ministro de Educación, siguió el ejemplo de su maestro y de ninguna forma apoyó la investigación nuclear.

"El día más feliz de mi vida"

EL ACUERDO NAVAL angloalemán se concluyó por fin mediante un intercambio de notas el 18 de junio de 1935. Después de la Primera Guerra Mundial, los victoriosos Aliados firmaron una serie de tratados fijando los tamaños relativos de la marina de guerra británica, estadunidense, japonesa, francesa e italiana en una proporción de 5:3:3:1:1. Hitler había declarado en público su intención de que la naciente Naval alemana debía crecer a una fuerza del 35 por ciento de la Naval británica. Joachim von Ribbentrop, Erich Kordt, asistente de Konstantin von Neurath, el ministro del Extranjero, y el intérprete de Hitler, Paul Otto Schmidt, además de tres expertos navales alemanes, se encargaron de la Oficina Británica del Extranjero y al Almirantazgo Británico. Por dos semanas, las negociaciones avanzaron penosamente. El equipo alemán ganó sin problemas. Desde su distante punto de vista alemán,

Shirer escribió: "El Wilhelmstrasse [gobierno alemán] está eufórico. Los alemanes tienen un tonelaje de U-boots igual al de Inglaterra. Los submarinos alemanes casi los derrotaron en la última guerra y podrían en la siguiente". Sin duda fue una gran victoria para la política externa de Hitler. Ribbentrop voló para unirse a Hitler y al almirante Raeder en Hamburgo. El Führer declaró que la conclusión del Acuerdo señaló el día más feliz de su vida.

Emisarios de la familia Real

HITLER MANTUVO un diálogo con la familia real británica. El barón William de Ropp, de una aristocrática familia báltica, se casó con una inglesa, se naturalizó británico y se unió al Cuerpo Aéreo Real en la Primera Guerra Mundial, donde conoció a Frederick Witerbotham (más adelante capitán de grupo en la RAF). A finales de la década de 1920 se mudó a Berlín, se hizo periodista político y escribió para el *Times* de Londres. Podía pasar como alemán, ruso, báltico o inglés. De Ropp conoció a Rosenberg, se estableció en la sociedad nazi y tuvo una relación personal con Hitler. Se convirtió en el principal agente de Hitler para *rapprochement* entre los influyentes jugadores de Alemania e Inglaterra y también era doble agente. Llevó a pares, generales, un almirante y muchos periodistas a Alemania para conocer a Hitler, Hess y Rosenberg. En enero de 1935, de Ropp conoció al duque de Kent, que le dijo que Inglaterra se había resignado a los planes de rearme de Hitler. Visitó al duque de nuevo en enero de 1936 supuestamente "a petición del rey Eduardo VIII". Rosenberg escribió en su diario: "R. dio al duque el beneficio de su experiencia personal de muchos años".

Sin embargo, en 1936 Hitler envió a un primo con la familia real británica, Carlos Eduardo (Carl Eduard), duque de Sajonia, Coburgo y Gotha, y también duque de Albany, que era nieto de la reina Victoria, oficial superior de la SA. En sus visitas a Londres se quedaba en el palacio Kensington, visitaba al nuevo rey Eduardo VIII en Fort Belvedere cerca de Windsor, tomaba té con la reina María y asistía a una cena de Estado en el palacio de Buckingham. El duque preguntó al rey si se podía considerar una reunión entre Hitler y el primer ministro, Stanley Baldwin, e informó al Führer que la respuesta fue: "¿Quién es el rey aquí, Baldwin o yo? Yo mismo deseo hablar con Hitler y lo haré aquí o en Alemania. Dile eso, por favor".

Apariencia de Hitler: un punto de vista femenino

La princesa Stephanie von Hohenlohe, que tenía una relación estrecha con la jerarquía nazi, y era uno de los vínculos entre el régimen de Hitler e Inglaterra, dejó una descripción vívida de Hitler por sus reuniones con él a mediados de la década de 1930. Apuntó: "Su cabello café claro, de ninguna manera negro, su copete tan caricaturizado, peinado en diagonal sobre su frente", pero a ella no le gustaba su nariz, bigote, boca pequeña o pies gruesos. Sus dientes del frente estaban bordeados con una delgada banda de oro, pero sus ojos azul pálido eran agradables y, dijo, incluso se les podía llamar hermosos excepto que eran un poco saltones. Su piel era muy delicada, casi translúcida, siempre muy pálida con pequeños puntos rosa en sus mejillas. La princesa pensó que él tal vez no era saludable. Admiraba sus manos artísticas pero se dio cuenta que todo el tiempo rascaba nervioso con la uña del pulgar la piel del dedo índice de manera que siempre estaba irritada.

Operación Schulung y la promesa del Rey

El Pacto de Locarno fue un tratado de no agresión firmado en 1925 entre Alemania, Francia y Bélgica, garantizado por Inglaterra e Italia, que aceptaba las fronteras posteriores a Versalles de los tres países y la desmilitarización permanente de Renania. Por órdenes de Hitler, en mayo de 1935 el general von Blomberg, el ministro de Defensa y comandante en jefe de Wehrmacht, planeó la muy secreta Operación Schulung para tomar y volver a ocupar la Renania desmilitarizada: el "golpe sorpresa a la velocidad de la luz". En febrero de 1936, Hitler convocó a Ribbentrop, su embajador ante Inglaterra, Neurath y von Blomberg, ahora mariscal de campo, a una conferencia para discutir tres opciones para la Renania ocupada por los franceses. Hitler prefería la remilitarización unilateral por la fuerza... la tercera opción. De inmediato Ribbentrop dijo: "La tercera, *mein Führer*, la tercera", antes de que los otros dos siquiera pudieran dar un punto de vista. Blomberg sintió que el Wehrmacht no estaba listo; Neurath pensaba que la negociación para volver a ocupar el lugar tendría éxito. Pero, como Himmler comentó con su masajista, Felix Kersten (que más adelante se atribuyó salvar la vida de muchos judíos, gracias a su cercanía con Himmler), Ribbentrop se había hecho indispensable al parecer siempre estar de acuerdo con su Führer. Por consejo de Ribbentrop, Hitler escogió un fin de semana para lanzar su ataque. El 7 de marzo de 1936, el Wehrmacht, con sólo tres batallones y transportes jalados por caballos, "recuperó" las ciudades fronterizas de Aachen, Trier y Saarbrücken. Neurath convocó a los embajadores de Inglaterra, Francia, Bélgica e Italia, los signatarios de Locarno, a su oficina en Wilhelmstrasse, Berlín. Avisó formalmente el fin del Pacto de Locarno, el primer tratado de Hitler, ahora roto. Pero el Führer casi de inmediato propuso a un público histérico de diputados de camisa café del Reichstag, sus más recientes planes de "paz", con cinco diferentes propuestas y pactos. Mirando de frente al otro lado de la nueva frontera estaba el poderoso ejército francés vestido de azul, que no hizo nada marcial en absoluto. Débil en moral y equipo, era sólo un tigre de papel.

En la noche del 7 de marzo, Albert Speer, arquitecto y amigo de Hitler, era parte del séquito del Führer que viajaba en tren a Múnich. En la estación entregaron un mensaje a Hitler, que firmó con alivio: "¡Por fin! El rey de Inglaterra no va a intervenir. Está manteniendo su promesa. Eso significa que todo puede salir bien".

Un plebiscito a finales de marzo mostró que 98 por ciento de los alemanes aprobaban el ataque de Hitler en Renania. El Führer tomó a Ribbentrop y a su esposa a un crucero especial en el Rin para celebrar y el 20 de junio Ribbentrop tuvo una audiencia privada con Eduardo VIII en Londres.

Aproximación a Churchill

Cuando Ribbentrop llegó a Londres en octubre de 1936, esperaba ganarse amigos útiles en Inglaterra mediante sobornos a gran escala. Hjalmar Schacht, presidente del Reichsbank, había aportado un subsidio de 1 millón de marcos del Reich para este propósito. Los informes de Ribbentrop a Hitler del 29 de octubre y el 12 de noviembre de 1935 (preparándose para su misión de 1936) contenían referencias a hacer una aproximación financiera nada menos que con Winston Churchill. Ribbentrop tuvo una reunión con Churchill, que no tenía puesto en el gobierno en ese tiempo... una reunión bastante tempestuosa. En una fase, el emisario de Hitler dijo: "la guerra es inevitable", y Churchill contestó:

"Si nos hunden en otra Gran Guerra, vamos a poner a todo el mundo en su contra, como la última vez".

Tschapperl

Eva Braun estaba a cargo de la vida privada de Hitler y era su invitada personal en el magnífico Berghof, en Berchtesgaden, pero Martin Bormann pagaba su asignación de Hitler y todos los demás gastos de la casa. Frente al personal, Hitler se dirigía a ella como "Fraülein Braun", pero en privado la llamaba "*Tschapperl*", que se traduce en forma aproximada como "pueblerina", "pequeña idiota" o "tipeja". Las celosas esposas nazis la llamaban (aunque no en su cara): "*die blöde Kuh*" ("vaca tonta"). Sin embargo, para principios de 1936, su papel estaba más claramente definido y Hitler dio instrucciones a su personal y sirvientes en Berghof para llamarla "*Chefin*" o "*gnädiges Fraülein*", formas respetables de tratamiento, o "*Kindl*", "*Patscherl*" o "*Schnacks*", que son nombres cariñosos para "niño". Después de varios años juntos, se permitió a Eva llamar a su amante Adolfo o Adi, y a usar el familiar "du". Para todos los demás después de que se hiciera canciller el tratamiento era el formal "Sie" y era conocido como der Führer, incluso por viejos "amigos" como Göring.

Hitler gracioso

Ser dictador es un asunto serio, enemigos al frente y enemigos detrás, y sus cortesanos afirmaban que Hitler no tenía sentido del humor y nunca reía. En el mitin de Núremberg, William Shirer lo vio reír con ganas al menos una docena de veces. "Levantaría hacia atrás la cabeza mientras lo hacía, el copete de su cabello café oscuro, separado en el lado derecho, caería sobre su sien izquierda al ojo hasta que, todavía riendo, lo sacudiera de vuelta con un movimiento brusco de la cabeza o sacudiendo la mano".

El adulador de Hitler

Ribbentrop había establecido dos "sociedades de amistad" en Berlín: *Deutsch-Englische Gesellschaft*, vinculada con la Anglo-German Fellowship en Inglaterra, y la *Deutsch-Französische Gesellschaft* vinculada con el Comité France-Allemagne en París. *Dienststelle Ribbentrop* (su ministerio del exterior "alterno", en competencia con el ministro del Exterior, Neurath) fue el jugador clave en organizar propaganda nazi más bien discreta. Personalidades y delegaciones de Inglaterra y Francia visitaban Alemania y a menudo tenían el dudoso placer de una audiencia con Hitler. Se daban banquetes, se hacían publicaciones periódicas, se escribían cartas a los periódicos. Ribbentrop también organizaba grupos de presión para cabildear por la devolución de las colonias alemanas secuestradas en 1919 y también para una alianza de "amistad" con el agregado militar japonés en Berlín, el teniente coronel Oshima Hiroshi. Erich Kordt, quien sirvió a Ribbentrop de 1934 a

1940 escribió: "se esforzaba por anticipar las opiniones de Hitler y si algo estaba por delante de Hitler en el camino que podía seguir... cuando se enteraba por los parásitos de Hitler cuál podría ser el camino del Führer, salía enérgicamente a favor de esa política como si fuera suya. Si Ribbentrop averiguaba que Hitler había adoptado una postura diferente de lo que esperaba, de inmediato cambiaba su actitud". Y como Himmler hizo notar: "Ribbentrop era irremplazable... Ya que el Führer no confiaba en nadie tanto como en él. Nadie podía explicarle las políticas exteriores tan bien. El arte de exposición de Ribbentrop era único y totalmente apropiado para la forma de pensar de Hitler [es decir, estaba de acuerdo con Hitler]".

El tren de Hitler

A mediados de 1936, se completó el tren especial de Hitler, con el nombre más bien extraño de "Amerika". Consistía en una máquina de vapor y quince vagones Pullman, protegidos en el frente y atrás por bancos de cañones antiaéreos de 2 centímetros de repetición rápida montados en vagones abiertos, de los que se encargaba un equipo de 26. El Pullman de Hitler, No. 10206, estaba en el centro, junto con el del jefe de prensa (Goebbels, que lo usaba en ocasiones), un centro de comunicaciones con transmisor de radio de 700 vatios, cocina y vagón para abluciones.

Los juegos olímpicos de 1936

En las dos primeras semanas de agosto de 1936, tuvo lugar en Berlín la XIth Modern Olympiad, "las Olimpiadas de Hitler". Se llevó a cabo en el mayor estadio del mundo, diseñado por Albert Speer, el arquitecto favorito de Hitler, en un imponente estilo clásico. La multitud llegaba a 110,000 personas y encima el enorme zepelín *Hindenburg* jalando la bandera olímpica. Banderines de la swástica coronaban la ciudad de Berlín y Richard Strauss dirigió un coro de 1,000 que cantaba el himno nacional: "Deutschland, Deutschland Über Alles", luego el Himno del Partido Nazi: "Horst Wessel Lied" y el nuevo "Himno Olímpico". Herman Göring y Joseph Goebbels organizaron grandes espectáculos. Aunque los atletas alemanes ganaron la mayoría de las medallas, el mundo recuerda esa Olimpiada por el magnífico Jesse Owens, el corredor negro estadunidense que ganó *cuatro* medallas de oro y cuyo éxito enfureció a Hitler y los nazis. Hitler asistió todos los días y fue un enorme éxito de propaganda para el régimen nazi con cuatro millones de espectadores y transmitiendo a todo el mundo más de 3,000 programas de radio en 50 idiomas. Hitler estaba encantado ya que "los jóvenes deportistas del Reich ganaron treinta y tres medallas de oro y los británicos, a pesar de las ventajas de su sistema universitario de educación, ¡sólo pudieron ganar ocho!".

"Mi querida princesa"

LA PRINCESA STEPHANIE VON HOHENLOHE fue por seis años una intermediaria influyente que llevaba los costosos presentes de lord Rothermere al Führer, llegando a conocer todo el círculo de Hitler. Ribbentrop la detestaba y le dijo a Hitler que era una "judía completa", el diario de Goebbels comentaba que "la princesa es muy agresiva" y Putzi advirtió a Hitler que tuviera mucho cuidado con ella. Pero el Führer se sentía atraído por ella y se encargó de que la Gestapo investigara su árbol genealógico y descubriera que no era censurable. Hitler le escribió cartas y le regaló una fotografía firmada en marco de plata que tenía la dedicatoria: "En recuerdo de una visita a Berchtesgaden". Sus cartas a Stephanie siempre comenzaban: "Mi querida princesa". Durante un tête-à-tête Hitler acarició su cabello; en otra ocasión le dio un pellizco de carácter íntimo en la mejilla. También le regaló un perro… que nunca recogió. En 1937, Hitler aprobó la entrega a ella de una medalla, la Cruz Honoraria de la Cruz Roja Alemana, por parte de su presidente, el duque de Sajonia, Coburgo y Gotha. El año siguiente, el 10 de junio, en la cancillería del Reich, se convirtió en una "Novia del Partido Nacionalsocialista de los Trabajadores", el Führer mismo poniendo la Medalla de Oro de Honor en su pecho. Su firma estaba grabada en el reverso. Ahora era *de facto* miembro del partido y "aria honoraria".

"Inquebrantable escudero" de Hitler

El 30 de octubre de 1936, el ministro de Propaganda, Joseph Goebbels, celebró su décimo aniversario como gauleiter de Berlín-Brandemburgo. Se hicieron exhibiciones y hubo presentes, como una cabaña de troncos simple y un mitin de medianoche en que Hitler lo alabó como "un fiel e inquebrantable escudero del partido… [que] había marchado al frente a Berlín, un fanático lleno de fe. ¡Tu nombre está grabado en esta lucha de diez años del movimiento nacionalsocialista en Berlín!". Luego, lo más poco común para Hitler, que evitaba el contacto físico aparte de los apretones de manos, palmeó a Goebbels torpemente en el hombro. No es extraño que Goebbels escribiera en su diario: "Hitler me honró como nunca antes… Qué feliz estoy".

El mejor caballo de Hitler

En 1936, los radicales del Partido Nazi, Goebbels, Rosenberg, Himmler y Ley, además de Göring, dudaban si valía la pena asegurar la amistad de los británicos. Los Protocolos de Octubre firmados el 23 de octubre fueron aclamados por Mussolini como la base de un nuevo Eje Roma-Berlín. Los radicales nazis, después del "golpe" de Renania y del enorme y bastante secreto plan de rearme, sentían que Inglaterra y Francia estaban en las gradas. Sin embargo, Hitler envió a Ribbentrop con una comitiva de cuarenta y cuatro a Londres el 25 de octubre. Las palabras de despedida de Hitler a su emisario fueron: "Lleva a Inglaterra al Pacto Anti-Comintern: eso haría realidad mi más anhelado deseo. Te he enviado a Inglaterra como el mejor caballo de mi establo. Ve lo que puedes hacer".

La abdicación: el *Führerprinzip*

El Führer quedó desconcertado y desilusionado cuando el rey Eduardo VIII antepuso su felicidad personal a sus deberes reales y abdicó el 12 de diciembre de 1936. El embajador von Ribbentrop explicó a Hitler que el verdadero motivo de Stanley Baldwin en la crisis de la abdicación había sido derrotar a los "conspiradores" que habían estado trabajando a través de la señora Simpson y el rey con el fin de invertir la política británica del momento y producir un acuerdo angloalemán. Hitler consideraba al "rey como el hombre de su agrado, que comprendía el *Führerprinzip* y que estaba listo para introducirlo en su país". Pensaba que Eduardo era el príncipe más inteligente que hubiera conocido jamás. Le dijo a Speer: "Estoy seguro que mediante él [Eduardo] se pudieron haber logrado relaciones amistosas permanentes con Inglaterra. Si se hubiera quedado, todo hubiera sido diferente. Su abdicación fue una grave pérdida para nosotros".

El mesías

Hitler, Göring y Himmler, los principales miembros del Partido Nazi, estaban empapados a fondo en prácticas mágicas y ocultas, además de tener puntos de vista religiosos bastante extraños. También sucedía con Hess, mientras que Bormann, Goebbels y Rosenberg tenían un conocimiento no muy superficial del ocultismo. Hitler había sido presentado al país, por él mismo, por supuesto, pero en forma vehemente por Goebbels, como el "Mesías" de Alemania. Los mítines nazis se escenificaban en una atmósfera casi religiosa, sin reproches de las iglesias cristianas. El alcalde de Hamburgo declaró: "Podemos comunicarnos directamente con Dios mediante Adolfo Hitler", y en 1937 un grupo de cristianos alemanes afirmó: "La palabra de Hitler es la ley de Dios". El jefe de las Juventudes Hitlerianas, Baldur von Schirach, afirmó en los Juicios de Núremberg, después de la guerra: "El servicio de Alemania nos parece ser el genuino y sincero servicio de Dios: el estandarte del Tercer Reich nos parece ser el estandarte de Dios y el Führer del pueblo es el salvador que Él envió para rescatarnos". Hitler había devuelto a la nación su orgullo, convertido un enorme desempleo en total empleo. Había hecho pedazos el sistema de clases feudales de la República Weimar. Hitler en verdad era el Mesías de Alemania.

Ladrón de bebés y lavado de cerebro

El primero de mayo de 1937, Hitler dio un discurso en Berlín que incluyó una broma excepcional, sobre el lavado de cerebro deliberado de la juventud alemana.

"Hemos empezado, por encima de todo, con la juventud. Hay viejos idiotas por lo que ya no se puede hacer nada", pausa para la risa. "Les quitamos sus hijos. Los educamos para ser un nuevo tipo de alemanes. Cuando un niño tiene siete años de edad todavía no tiene sentimiento alguno respecto a su lugar de nacimiento y origen. Un niño es como otro. A esa edad los tomamos y los formamos hacia una comunidad hasta que tienen dieciocho años. Pero no los dejamos ir entonces. Entran al partido, la SA o las SS y otras formaciones, o marchan directo a las fábricas, el Frente Laboral, el Servicio de Trabajo y entran al ejército por dos años". De 1933 en delante toda Alemania, o como sea alrededor de 95 por ciento, marchaba obedientemente detrás del Führer y su Tercer Reich.

El honor recuperado de Alemania

En 1936, la admiración por el Führer se había extendido por toda Alemania. Se había eliminado casi del todo el desempleo, sin duda estaban mejorando los estándares de vida y estaban disponibles más bienes para el consumidor. Las salas de baile y los cines estaban llenos, el Frente Laboral Alemán organizó campamentos de "Fuerza mediante la Alegría" y viajes al extranjero en cruceros. El *Volksempfänger*, "la radio de la gente", estaba en tres cuartas partes de las casas alemanas y para 1939 se habían vendido casi cuatro millones de radios. En apenas tres años, al parecer Hitler había rescatado a su país de la vergüenza y la miseria de la "democracia" de Weimar. La pérdida de los derechos civiles, la represión de la izquierda, discriminación contra los judíos y otros desafortunados parecía un precio que valía la pena pagar. "En esos tres años [1933-6], Alemania había recuperado su honor, descubierto la fe de nuevo y superado su mayor angustia económica". Hitler también declaró: "No tenemos reclamaciones territoriales para hacer en Europa". En la elección del 29 de marzo de 1936, el Partido Nazi (el único que quedaba) tuvo una votación de 98.9 por ciento que respaldaba a Hitler.

La visita de Windsor

EL DUQUE DE WINDSOR (en lo que Eduardo VIII se había convertido después de su abdicación) y su nueva esposa hicieron una visita de dos semanas a Alemania en octubre de 1937, al parecer para estudiar las condiciones de vivienda y trabajo. Los recibieron los Göring, visitaron Essen, donde la acerería Krupp estaba muy ocupada produciendo armamentos (que tenían prohibido hacer por el Tratado de Versalles), Leipzig y Dresden, donde el duque de Sajonia, Coburgo y Gotha dieron una cena para ellos y se dirigieron a la duquesa como "Su Real Alteza", mientras que el duque de Windsor recibió numerosos saludos nazis. También visitaron Núremberg y Stuttgart y el 22 de octubre tomó té con el Führer en Berchtesgaden. Hitler dijo a Schmidt, su intérprete: "Ella hubiera sido una buena reina". La duquesa escribió más adelante: "No podía quitarle la vista a Hitler"... ella admiraba sus largas y delgadas manos y "sentí el impacto de su gran fuerza interna". Sus ojos eran "en verdad extraordinarios... intensos, imperturbables, magnéticos, ardiendo con... un fuego peculiar". En agosto de 1939, el duque y Hitler intercambiaron telegramas. Hitler recordó más adelante, en 1942: "La verdadera razón de la destrucción del duque de Windsor fue su discurso en el mitin de los viejos veteranos en Berlín, estoy seguro, en el que declaró que sería la tarea de su vida llevar a cabo la reconciliación entre Inglaterra y Alemania. Ese mitin en Berlín tenía el sello de la estima sincera y mutua, y el tratamiento posterior del duque de Windsor fue un mal presagio; derribar un pilar de fuerza tan maravilloso fue infame y tonto".

Los renuentes perros del carnicero

El coronel Friedrich Hossbach, el ayudante de Hitler en Whermacht, tomó las minutas de una reunión de alto nivel en que el presidente fue el Führer en la Cancillería el 6 de noviembre de 1937. Asistieron Werner von Blomberg, ministro de Defensa, el almirante Raeder, comandante en jefe de la Naval, Hermann Göring, comandante en jefe de la Luftwaffe, Werner von Fritsch, comandante en jefe del Ejército y Konstantin von Neurath, ministro del Exterior. La reunión se con-

vocó para discutir y acordar un programa de rearme
(otro más) y la asignación de materiales y armas entre los tres servicios. En lugar de eso, Hitler pronunció
un monólogo de cuatro horas sobre la necesidad de
Lebensraum y cómo se debía obtener. "El problema
de Alemania sólo se puede resolver por medio de la
fuerza... el espacio extra debería estar en Europa, pero
había dos enemigos inspirados por el odio, Inglaterra y
Francia, para los cuales el coloso alemán en el centro de
Europa era una espina en la carne". El poder militar
de Alemania alcanzaría su máximo para 1943-4, después de lo cual los otros poderes se pondrían a su nivel. Los primeros movimientos debían ser la anexión
de Austria y Checoslovaquia, que aseguraría los flancos
este y sur. Hitler pensó que Inglaterra y Francia ya habían dado por perdida a Checoslovaquia y no interferi-
rían. Su plan amplio estaba en *Mein Kampf*, pero a pesar
de todo, los generales estaban "conmovidos hasta lo más
profundo". "Los generales debían ser como el perro de
un carnicero que se debe sujetar con fuerza por el collar
ya que de otra manera amenaza con atacar a cualquiera que esté a la vista". Hitler despreciaba a Blomberg y
Fritsch y el año siguiente las SS tendieron una trampa
para incriminarlos de malas conductas sexuales... tal
vez con la ayuda de Göring. Ambos se vieron obligados a renunciar y Hitler puso sus propias elecciones en
sus lugares.

En los libros de historia se llama a la reunión el "Memorándum Hossbach".

"El Hitler que nadie conoce"

Heinrich Hoffmann, amigo de Hitler y talentoso fotógrafo, viajó a todas partes con Hitler como su fotógrafo oficial (un álbum de sus fotografías de "corte" están albergadas en el Museo Imperial de la Guerra, en Londres). En 1937, se tuvo que volver a publicar su libro: *Hitler, Ihn Keiner Kennt* (*El Hitler que nadie conoce*), publicado por primera vez en 1933, con cambios diplomáticos. No eran apropiadas las fotografías del líder nazi mostrándose amistoso con Ernst Röhm, al que acababa de matar, así que Hitler escogió nuevas fotografías para la obra de Hoffmann. Ahora se le mostraría como un individuo bondadoso, casual, personal en pantalones cortos de cuero, o remando un bote, en una comida de campo en los prados, caminando en los bosques bávaros, rodeado por niños o jóvenes, en estudios de artistas. Pero siempre amistoso, relajado, accesible… e inofensivo. El libro demostró ser el mayor éxito de Hoffman.

Sangre

Hitler fue pionero de una técnica bastante siniestra… emplear alusiones o imágenes de sangre para evocar sentimientos arraigados en sus públicos alemanes. Por ejemplo, se hacía referencia a la "Noche de los Cuchillos Largos" como la "purga de sangre". El matrimonio interracial entre arios alemanes y judíos se describía como *Blutschande* o "vergüenza de sangre". En la mitología de las SS fomentada por Himmler, la frase: *"Blut und Boden"* ("sangre y tierra") se empleaba para expresar la relación primitiva entre los campesinos y la tierra. Hitler estaba muy entusiasmado con la pompa y las banderas y estandartes eran muy importantes para él. *Die Blutfahne*, la "bandera de sangre" era una bandera que se había vuelto sacrosanta gracias a los pocos mártires del frustrado putsch de Múnich de 1923. También concibió muchas condecoraciones, órdenes y medallas para su Partido Nazi, incluyendo *der Blutorden*, "el orden de la sangre", una prestigiosa condecoración para los pocos fieles.

"La simplicidad tiene un efecto sorprendente"

El 13 de marzo de 1938, las tropas alemanas marcharon a Austria. Hitler envió a buscar un mapa de Europa Central y mostró a sus compinches cómo "Checoslovaquia estaba atrapada ahora en tenazas". También dijo que "estaría eternamente agradecido con el Duce" que había dado su consentimiento para la invasión de Austria. Su viaje a Italia de mayo de 1938 se llevó a cabo para mostrar a Mussolini y al rey Víctor Manuel III su gratitud y también para ver los tesoros artísticos de Roma y Florencia. Se diseñaron uniformes resplandecientes para el séquito alemán que estuvieran a la altura de la pompa y ceremonia de los cortesanos italianos. Hitler amaba esta pompa pero su propio vestuario siempre era modesto... un punto de estrategia cuidadosa. "Mi ambiente debe verse magnífico. Entonces mi simplicidad presenta un efecto sorprendente".

Limpieza de primavera de Hitler

El sábado, 5 de febrero de 1938, Hitler, en otro sorprendente "golpe", aplastó el Alto Mando del Ejército Alemán, del que sospechaba que no llevaría a cabo sus órdenes para las campañas que había planeado en secreto. Al haber destituido a los dos hombres que construyeron el Ejército Alemán desde nada: el mariscal de campo Werner von Blomberg, ministro de Guerra y comandante en jefe de las Fuerzas Armadas, y al general von Fritsch, comandante en jefe de Wehrmacht, Hitler entonces se convirtió en comandante supremo de las Fuerzas Armadas, relevó a dieciséis generales superiores de sus mandos y transfirió a otros cuarenta y cuatro. Se despidió o reemplazó a tres diplomáticos clave: los embajadores de Roma, Tokio y Viena, además del viejo genio financiero, el doctor Schacht, que había mantenido solvente a la Alemania Nazi. Una "limpieza de primavera" completa y, para algunos, preocupante.

"El juego del peligro"

"No puedes comprender lo que es vivir en una dictadura: no puedes comprender el juego de peligro pero por encima de todo no puedes comprender el temor en que se basa todo el asunto. Supongo que tampoco tienes concepto alguno del carisma de un hombre como Hitler". Por doce años, desde la edad de veintinueve años, el agudo e inteligente Albert Speer fue el arquitecto personal de Hitler y trabajó de cerca con él. El amigo y colega de Speer, Karl Hettlage, le dijo a Speer en el verano de 1938: "Eres el amor infeliz de Hitler", a lo que Speer más adelante escribió en contestación: "¿Y sabes lo que sentía? Felicidad, alegría".

Ataque de nervios

WILLIAM SHIRER vio a Hitler en el jardín del hotel Dreesen, en Godesberg, el 22 de septiembre de 1938, y lo describió caminando en forma de mujer, con delicados pasos cortos. Ladeaba el hombro de manera nerviosa cada pocos pasos y su pierna izquierda subía de golpe al mismo tiempo en un tic nervioso. Tenía horribles manchas bajo los ojos y parecía al borde de un ataque de nervios. Hitler se estaba preparando para tener una reunión de alto nivel con Neville Chamberlain, el primer ministro británico y estaba ensayando para sí mismo cuáles iban a ser sus exigencias.

"Tremenda victoria de Hitler"

EN MÚNICH, el 30 de septiembre de 1938, fue juego, set y partido para Hitler y su equipo: Göring, Goebbels, Hess y el general Wilhelm Keitel, jefe de Estado Mayor de las Fuerzas Armadas (OKW), salieron pavoneándose del Führerhaus a las 2 a. m., después de que Hitler y Mussolini le habían ganado a un sumiso Neville Chamberlain y destrozado por completo a Édouard Daladier. Se decía que Daladier, el primer ministro francés, temía volver a París en caso de que lo atacara una multitud hostil. Había sacrificado la posición de Francia y perdido su principal apoyo en Europa del Este. Un día desastroso para Francia. A la 1:30 a. m., Chamberlain y Daladier habían dicho al doctor Mastny, el ministro checoslovaco en Berlín, y al doctor Masaryk de la Oficina del Exterior de Praga que Checoslovaquia tendría que aceptar la derrota y entregar los Sudetes. Chamberlain vio a Hitler la mañana siguiente e improvisaron una "trama" de manera que pudiera fanfarronear desde el No. 10 de Downing Street. "Paz con honor. Creo que es la paz de nuestro tiempo". El crédulo pueblo británico cantaba: "Es un Muchacho Excelente". Winston Churchill fue uno de los pocos que captó la situación correctamente: "Hemos recibido una derrota total y absoluta… Todos los países de Mittel Europa y el valle del Danubio, uno tras otro será arrastrado al vasto sistema de la política nazi…". Todos los periódicos alemanes decían lo mismo: "Tremenda victoria de Hitler sobre Inglaterra y Francia".

El comealfombras

Los periodistas que cubrían las maquinaciones de Alemania en los Sudetes, Checoslovaquia y Austria en la década de 1930 seguían hablando entre ellos sobre Hitler el "*teppichfresser*". Cuando el Führer sufría sus peores crisis nerviosas en privado, su conducta a menudo adoptaba una forma extraña. Cuando hacía berrinche y gritaba lleno de furia o frustración sobre Edvard Beneš, el presidente checoslovaco o cualquier otro que lo contrariara, se tiraba al suelo y mordía el borde de la alfombra. De ahí *teppichfresser*, el "comealfombras".

El pedazo de papel

EL CASO VERDE fue el plan de Hitler para la invasión y conquista de Checoslovaquia, planeado para el 1 de octubre de 1938. El gobierno británico se enteró de esto en agosto, de manera que se reunió el Gabinete el 30 y acordaron presionar a los checoslovacos para que se rindieran ante Hitler. Los incidentes fronterizos fueron montados por tropas alemanas y en conferencia del 2 de septiembre, Hitler declaró en voz altisonante: "*Es lebe der Krieg*", "Larga vida a la guerra"… añadiendo: "incluso si dura de dos a ocho años". Beneš aceptó el punto de vista de Londres y concedió la mayor parte de las demandas de Hitler. Los franceses, que tenían un tratado con Checoslovaquia, sufrieron un colapso nervioso colectivo. Neville Chamberlain, el primer ministro británico, fue a Goedsberg a visitar a Hitler, el cual, como Oliver Twist, exigió más. Al final se firmó el Acuerdo de Múnich el 24 de septiembre y Hitler se quedó con el territorio de los Sudetes checoslovacos cedidos al Tercer Reich. Chamberlain, después de traicionar a los checoslovacos, voló triunfalmente de vuelta a Londres declarando que había logrado "la paz para nuestro tiempo". Le estafaron a Hitler y Ribbentrop la guerra que deseaban y Hitler le dijo al segundo: "No tomes todo con tanta seriedad. Ese pedazo de papel no tiene significado alguno". En marzo de 1939, la siguiente primavera, las tropas de Hitler marcharon sin oposición al resto de Checoslovaquia.

Kristallnacht

Esta acción única y aterradora en la noche de 9-10 de noviembre de 1938 le abrió los ojos al mundo respecto a las realidades del régimen nazi. Herschel Grynszpan, un refugiado judío alemán en París, asesinó a un secretario de la Legación Alemana, Ernst von Rath, aunque Rath se oponía por completo al nazismo. Con la aprobación expresa de Hitler, Reinhard Heydrich, jefe de la oficina central de Seguridad del Reich, organizó el pogromo después de que Goebbels aconsejara que no se desalentarían los disturbios antijudíos "espontáneos". Heydrich envió órdenes urgentes a todos los cuarteles de policía para disturbios "espontáneos" en toda Alemania. Como resultado, incendiaron 191 sinagogas, y destruyeron 815 tiendas de judíos y 171 casas judías, mataron a 74 judíos y arrestaron a no menos de 20,000. Se causaron daños por un costo de 25 millones de marcos, incluyendo 5 millones por vidrios rotos... de ahí el nombre de purga. Se multó colectivamente a los 600,000 judíos de Alemania mil millones de marcos y se confiscaron muchos negocios y propiedades de judíos. Había empezado el proceso de arianización. El embajador de Estados Unidos en Alemania fue retirado y el 14 de noviembre Roosevelt hizo un discurso condenando el *Kristallnacht*. La emigración judía creció hasta ser un torrente. La opinión pública en Inglaterra estaba horrorizada, aunque los apaciguadores continuaban con sus esfuerzos patéticos.

Rousseau, Mirabeau, Robespierre y Napoleón

HUGH TREVOR-ROPER, el brillante "observador de Hitler", escribió de Adolfo Hitler: "Él era el Rousseau, el Mirabeau, el Robespierre y el Napoleón de su revolución [la creación del Tercer Reich]; era su Marx, su Lenin, su Trotsky y su Stalin. Por carácter y naturaleza pudo haber sido muy inferior a la mayoría de ellos pero sin embargo se las arregló para lograr lo que todos ellos no pudieron: dominó su revolución en todas sus fases, incluso en el momento de la derrota. ¡Eso habla de una considerable comprensión de las fuerzas involucradas!"

Intentos de asesinato contra Hitler

SE REALIZARON numerosos intentos de acabar con la vida de Hitler... todos condenados al fracaso. Entre ellos, el 9 de noviembre de 1938, Maurice Bavaud, mesero suizo, acechó a Hitler con un arma en la taberna Bürgerbräukeller, Múnich y en la montaña Obersalz. Después de un juicio secreto del Tribunal del Pueblo, lo juzgaron, sentenciaron y decapitaron.

George Elser, un relojero de Suabia llevó a cabo otro intento, en noviembre de 1939, construyó una bomba de tiempo y la puso en un pilar de la enorme Bürgerbräukeller en Múnich. Explotó once minutos después de que se marchó Hitler para tomar un tren a Berlín, matando a ocho de sus fieles partidarios e hiriendo a muchos otros.

El conde Claus Graf von Stauffenberg puso una bomba (en un maletín) bajo una mesa de la importante conferencia de Obersalzberg el 20 de julio de 1944. Era parte de una conspiración importante para matar a Hitler... pero aunque murieron cuatro hombres, Hitler sólo tuvo heridas leves. Atraparon y ejecutaron a von Strauffenberg, igual que muchos otros.

Hitler Mutti

Muchas mujeres, incluyendo damas maduras, cayeron bajo el hechizo de Hitler. En 1938, las mujeres que asistían a sus reuniones respondían incluso con más entusiasmo y generosidad que los hombres. Algunas de estas devotas mujeres eran del "tipo histérico, que encontraba un éxtasis emocional en rodear al hombre en la plataforma. Él podía dar un tirón a sus mismos nervios con su fuerza". Sin embargo, la mayor parte de estas mujeres estaba interesada con la misma inteligencia que los hombres y sin su ayuda financiera los primeros años del partido hubieran sido mucho más difíciles.

Muchas de ellas consideraban a Hitler como el hijo preferido y llegaron a ser conocidas como "Hitler mutti", las madres de Hitler. Sus muy ricas patrocinadoras, Frau Hélène Bechstein, y Frau Elizabeth Büchner, una enorme mujer con tipo de Brunilda, le dieron ambas látigos para perro de piel de rinoceronte. Esto pudo haberse vuelto una tradición personal, que se remonta al tiempo en que una viuda de edad avanzada, Carola Hoffmann, a la que solía visitar con regularidad, le preguntó que le podía dar como presente. Al parecer sugirió un látigo para perro de piel de rinoceronte... como el que Alois usaba para golpearlo. Tal vez poseer un látigo de este tipo era una forma de mostrar una actitud desafiante a su finado padre y de enfrentar sus primeras frustraciones.

"Operación caso blanco"

Hitler había preparado con mucho cuidado la invasión y la conquista de Polonia y el "Caso Blanco" era el nombre código para la operación militar. La "Operación Himmler" era el nombre código para el SD (*Sicherheitsdienst*) bajo Reinhard Heydrich, segundo de las SS de Himmler, el cual simularía una falsa agresión polaca en el corredor de Danzig mediante apoderarse de la estación de radio Gleiwitz. La "Operación Productos Enlatados" fue un plan repugnante para emplear hombres condenados de campos de concentración vestidos con uniformes polacos, matándolos mediante inyección letal y poniendo sus cuerpos para los fotógrafos nazis como "saboteadores" polacos... evidencia de la "agresión" polaca. Hitler y Ribbentrop deseaban desesperadamente un pacto de no agresión con Stalin a través de Molotov, su ministro del Exterior. Los rusos, preocupados por las actividades militares japonesas en su frontera oriental, estaban más o menos felices de firmar un vasto acuerdo de comercio y un pacto de no agresión con Alemania. *Der Tag* de Hitler para el Caso Blanco eran las 4:30 a. m. del 26 de agosto de 1939. Conforme se aproximaba la cuenta regresiva para la guerra total tanto él como Ribbentrop estaban histéricos y al borde de un ataque de nervios. Lo que es más, se tenía que tranquilizar a Inglaterra y a Francia, que habían descubierto muchas señales de la inminente invasión de Polonia, respecto a las intenciones pacíficas de Alemania. Por último, Hitler ya no podía soportar más el suspenso y envió un telegrama personal a Stalin. Ribbentrop voló a Moscú y al final, el 24 de agosto, se firmó el pacto secreto de no agresión entre la Unión Soviética y Alemania. Hitler estaba extasiado. Rompiendo con su tradición de no alcohol, tomó algunos tragos de champaña y exclamó: "Ahora Europa es mía... los otros pueden tener Asia. El mun-

**"¿POR QUÉ TAN SORPRENDIDO, FÜHRER? ¿NO RECONOCES
A UNO DE LOS PRIMEROS MIEMBROS DEL PARTIDO?"**

do está en mi bolsillo". Los ejércitos de Hitler lanzaron su blitzkrieg ("guerra relámpago") contra Polonia el 1 de septiembre.

"Fraülein Braun y mi perro"

ANTES DE LA SEGUNDA GUERRA MUNDIAL, Hitler habló con sus amigos más cercanos del tiempo cuando, ya alcanzadas sus metas políticas, dejara de dirigir la nación y se retirara a vivir en Linz. No interferiría con los asuntos de estado y la gente con bastante rapidez recurriera a su sucesor. Entonces sería olvidado con rapidez. "Tal vez uno de mis antiguos socios me visitaría en ocasiones. Pero no cuento con ello. Aparte de Fraülein Braun, no quiero a nadie conmigo. Fraülein Braun y mi perro. Seré solitario. Nadie me notará nunca más. Todos correrán detrás de mi sucesor. Tal vez una vez al año se presentarán para mi cumpleaños".

La Cuenta Bancaria Secreta de Hitler

EN EL ARCHIVO FO371/23083 de los Archivos Nacionales Británicos, en Kew, está una carta recibida en la Oficina del Exterior el 25 de marzo de 1939, número de índice C3982. Fue escrito por Neville Bland de la Legación Británica en la Haya a sir William Strang en la Oficina del Exterior. "Mi estimado William: Puedes estar interesado en saber que el padre del encargado holandés de la Secretaría Comercial que está empleado en la Oficina de Recaudación de Impuestos ha informado a Laming que hay una cuenta en el Servicio de Autorización y Cheques Postales de Holanda a nombre de Eber Nachfolger GmbH, Thierstrasse 11, 22, Múnich, número de giro 211846 y que, de acuerdo a un Inspector de Impuestos que en el curso de sus investigaciones descubrió el hecho, esta cuenta pertenece a Herr Hitler".

Casi con seguridad Max Amann estaba escondiendo los considerables beneficios de la casa de publicación Eher Verlag en Holanda. Tal vez las regalías de *Mein Kampf* también se depositaban ahí.

El terrible guisado de Hitler

El 31 de marzo de 1939, Neville Chamberlain, "que se veía demacrado y enfermo" (de acuerdo a *Diarios y cartas*, de Harold Nicolson) leyó en voz alta una declaración de la Cámara de Comunes garantizando su apoyo para la independencia de Polonia. Cuando se anunció la noticia en la Cancillería del Reich de Hitler, en Berlín, el Führer montó en una cólera atroz: "Con las facciones distorsionadas por la furia, recorrió violentamente de un lado a otro la habitación, golpeó sus puños en la mesa de mármol y lanzó gran cantidad de salvajes imprecaciones. Sus ojos destellaban con una luz extraña", según el almirante Wilhelm Canaris, director del servicio de inteligencia militar alemán (el *Abwehr*). "Entonces gruñó esta amenaza: 'Les voy a cocinar un guisado con el que se van a atragantar' ". En 1934, Hitler había firmado un pacto de no agresión de diez años con Polonia. En septiembre de 1939 con el pretexto de anexar Gdańsk, los ejércitos de Hitler y los de la Rusia Soviética invadieron Polonia, que a pesar de una defensa heroica fue aplastada con rapidez.

El diario del Conde Ciano y el "pacto de acero"

El Conde Galeazzo Ciano, el ministro del Exterior italiano, que estaba casado con la hija de Benito Mussolini, Edda, escribió en su diario el 28 de abril de 1939: "El Führer ha impartido su discurso en Berlín. Duró con exactitud dos horas y veinte minutos; no se puede decir que la brevedad será la característica más notable de Hitler. Hablando en general el discurso es menos belicoso de lo que se podría suponer de acuerdo a la información que nos llega. Las primeras reacciones al discurso en las diferentes capitales también son bastante leves. Toda palabra que deja alguna esperanza de una intención pacífica es recibida por la humanidad completa con inconmensurable alegría. En la actualidad ninguna nación desea la guerra: lo más que se puede decir es que saben que la guerra es inevitable…".

El discurso de Hitler exigía que Polonia entregara la ciudad de Gdańsk a Alemania. También revocó el pacto de no agresión de Alemania con Polonia y rechazó la oferta del presidente estadunidense, Franklin D. Roosevelt, de mediación.

El 21 de mayo Ciano llegó a Berlín para la firma formal del "Pacto del Acero", que vinculaba la Italia Fascista de Mussolini con la Alemania Nazi de Hitler. Sus "fuerzas unidas actuarán lado a lado para asegurar sus espacios vitales y el mantenimiento de la paz". Por supuesto, ninguno de los dictadores tenía la más mínima intención de mantener la paz.

"Debemos quemar nuestros botes"

HITLER PROHIBIÓ cualquier minuta de las reuniones confidenciales, pero un general de Wehrmacht, el teniente coronel Rudolf Schmundt, tomó notas de un encuentro así que tuvo lugar el 23 de mayo de 1939 en la Cancillería, las cuales fueron encontradas después de que terminó la guerra. A sus jefes militares más altos, Göring, los generales Beck, Keitel y Walther von Brauchitsch, el almirante Raeder, además de Ribbentrop y Neurath, Hitler dejó en claro que debía haber un "ataque a Polonia en el primer momento apropiado… luego la lucha debe ser básicamente contra Inglaterra y Francia… Por lo tanto, Inglaterra es nuestra enemiga y el enfrentamiento con Inglaterra es un asunto de vida o muerte". Holanda y Bélgica debían ser invadidas. Se ignorarían sus declaraciones de neutralidad. Tenía confianza en derrotar a Francia y las bases de la costa oeste de ese país permitirían a la Luftwaffe y a los U-boots llevar a cabo el bloqueo que pondría a Inglaterra de rodillas. "Entonces debemos quemar nuestros botes"... y podría ser necesaria una guerra de diez a quince años.

La sentencia de muerte del Imperio Británico

En la noche del 21 de agosto de 1939, mientras estaba cenando, entregaron una nota a Hitler, quien se ruborizó mucho, luego golpeó la mesa con tanta fuerza que los vasos repiquetearon y exclamó con voz emocionada: "¡Los tengo!, ¡los tengo!". Speer recordó que nadie se atrevió a hacer ninguna pregunta y la comida continuó. Al final, Hitler dijo a su séquito: "Vamos a concluir un pacto de no agresión con Rusia. Aquí, lean esto. Un telegrama de Stalin". Se anexó un protocolo secreto, no para publicación, al Tratado de No Agresión con el que Stalin y Hitler acordaban dividir Europa del Este en esferas de influencia: Finlandia, Estonia y Letonia para Rusia, y Lituania para Alemania, mientras que Polonia se repartiría siguiendo los ríos Narev, Vístula y San.

Goebbels sostuvo una conferencia de prensa dos días después; cuando Hitler quiso saber cómo habían reaccionado los corresponsales extranjeros, su jefe de propaganda contestó: "La sensación fue fantástica. Y cuando las campanas de la iglesia empezaron a tañer en forma simultánea en el exterior, un corresponsal británico enfatizó de manera fatalista: 'Ésa es la sentencia de muerte del Imperio Británico' ". La euforia de Hitler no conocía límites. Estaba más allá del alcance del destino.

"Héroe de mitos antiguos"

Después de que se firmó el Pacto Nazi-Soviético en Moscú la camarilla de Hitler se dividió en dos campos. El ministro de Propaganda, Goebbels, hablaba en forma abierta y ansiosa sobre el peligro de la guerra, considerando que los riesgos eran demasiado elevados. Algo bastante sorprendente, Hermann Göring, el más marcial de la camarilla de Hitler, recomendó una línea pacífica. Los belicistas eran Wilhelm Keitel, jefe del Estado Mayor de las Fuerzas Armadas (OKW) y Ribbentrop. Speer comentó: "En esos días, él [Hitler] me parecía un héroe de mitos antiguos, consciente de su fuerza [que] podía hacer frente con maestría a la prueba de las empresas más disparatadas".

El punto de vista de Hitler era que por el rápido rearme de Alemania tenía una ventaja de cuatro a uno en fuerza… "Ahora tenemos armas nuevas en todos los campos, el otro lado tiene tipos obsoletos". El "otro lado" que Hitler tenía en mente era, por supuesto, Polonia. Ni siquiera la incapacidad de Mussolini de mantener sus obligaciones de la alianza pudo disuadir a Hitler de lanzar la Operación Caso Blanco.

Chamberlain: el "Schweinehund"

El día después de que se firmara el Tratado de No Agresión con Rusia, Hitler informó a sus jefes militares superiores antes del ataque a Polonia. El general Franz

Halder y el almirante Bohm narraron el discurso de Hitler: "En esencia, todo depende de mí, de mi existencia, por mis talentos políticos… nadie tendrá de nuevo la confianza de todo el pueblo alemán como yo la tengo… Nadie sabe cuánto tiempo viviré. Por lo tanto, es mejor que tenga lugar una invasión ahora… Una lucha de vida o muerte. La destrucción de Polonia tiene prioridad. Una decisión rápida, en vista de la temporada… ¡Cierren sus corazones a la piedad! ¡Actúen con brutalidad! Ochenta millones de personas deben obtener lo que es su derecho. Sean duros y despiadados. Ármense contra todas las señales de compasión". Lo único que preocupaba a Hitler era que Neville Chamberlain le forzara a aceptar otro Múnich. "Sólo tengo miedo de que algún *Schweinehund* haga una propuesta de mediación".

"Destrucción y barbarismo los verdaderos vencedores"

El premier de Francia, Èdouard Daladier intercambió cartas con Hitler en los últimos desesperados días de agosto de 1939. Hitler ya había advertido al pueblo que la situación política era muy grave. Una semana antes, el 21 de agosto, se anunció de manera casi simultánea el increíble cambio de posición del pacto rusoalemán y las arrogantes demandas de Hitler a Polonia. Daladier escribió una noble carta al líder alemán pidiendo a Hitler que evitara la guerra, diciendo que no había cuestión que no se pudiera resolver en forma pacífica y le recordó que Polonia era una nación soberana. Daladier afirmó que Francia cumpliría con sus obligaciones hacia Polonia. Hitler lamentó que Francia planeara pelear para "mantener un agravio" y dijo que se debían devolver Gdańsk y el Corredor Polaco a Alemania y que se daba cuenta muy clara de las consecuencias de la guerra. En su carta final, Daladier escribió: "Si ahora se va a derramar sangre francesa y alemana, como sucedió hace veinticinco años... entonces cada uno de los dos pueblos combatirá confiado en su propia victoria. Pero con seguridad la Destrucción y el Barbarismo serán los verdaderos vencedores".

Los gánsteres de Chicago

El 19 de septiembre de 1939, en el Ayuntamiento de Gdańsk, un edificio gótico de gran belleza, Hitler hizo un discurso de conquistador y vociferó y rugió, con un efecto orquestado y "rabia histérica", principalmente contra Inglaterra con la que ahora Alemania estaba en guerra. Un grupo de periodistas internacionales había sido invitado al Ayuntamiento para escuchar al Führer, entre los que estaba William Shirer. Cuando Hitler, Himmler, Brückner, Keitel y otros pasaron a su lado, todos en el polvoso uniforme gris de campaña, se dio cuenta que no estaban rasurados y que parecían una partida de gánsteres de Chicago.

Gastos del casi suicidio de Unity Mitford

Después del casi suicidio de Unity Mitford, Hitler en persona garantizó pagar su tratamiento. La cuenta No. 4415 en el Bayerische Gemeindebank a nombre de Unity Mitford recibió el 1 de noviembre de 1939 diversos pagos de Hitler. El profesor Magnus del Chirurgische Universitatsklinik recibió 3,000 marcos. Se necesitaron 1,300 marcos del Reich adicionales para el tratamiento del hospital y rayos X del doctor Albert Kohler. Unity tenía una habitación privada en la clínica con enfermera presente todo el tiempo. Hitler también pagó su repatriación a Inglaterra. Fue un triste final para su extraña relación.

El entretenimiento de Stalin

Unos cuantos días después del doble evento del ataque con bomba del 8 de noviembre de 1939 en el Bürgerbräukeller de Múnich y del engaño a agentes británicos en el "Incidente Venlo", Hitler, Himmler, Heydrich y el coronel Walter Schellenberg estaban cenando juntos. Al último le preguntaron sus puntos de vista y contestó: "Gran Bretaña luchará en esta guerra con toda la furia y tenacidad de que ha dado prueba en todas las guerras en que ha estado comprometida por completo". Incluso si Alemania ocupaba a Inglaterra, el gobierno conduciría la guerra desde Canadá. "Será una lucha de vida o muerte entre países del mismo linaje… y Stalin observará con interés y entretenimiento".

"ESCALONES PARA EL PROGRESO A LA GLORIA"

"Las victorias sin sangre son desmoralizadoras"

Después de que invadieron Polonia a finales de 1939, Hitler a menudo expresaba este punto de vista: "¿Crees que hubiera sido buena suerte que nuestras tropas hubieran tomado Polonia sin una batalla después de obtener a Austria y a Checoslovaquia sin combatir? Créeme, ni siquiera el mejor ejército puede soportar algo así. Las victorias sin pérdida de sangre son desmoralizadoras. Por lo tanto no sólo fue afortunado que no hubiera compromiso: en ese momento hubiéramos tenido que considerarlo dañino y en consecuencia, hubiera atacado en cualquier caso".

Messrs HHHH

Churchill creía que los esfuerzos casi febriles de asegurar algún tipo de tratado de paz con Inglaterra sig-
nificaban que su estrategia de guerra general estaba
"maduro para explotación". Uno de los amigos más
antiguos de Churchill era Rex Leeper, director de Operaciones Especiales I (SO1), parte de la nueva Dirección
de Operaciones Especiales (SOE). La unidad de Leeper
tenía su base en la Abadía de Woburn, en Bedforshire,
y se especializaba en guerra política. Leeper, Leonard
Ingrams y Richard Crossman diseñaron una estratage-
ma de "Propaganda Negra" para engañar a Hitler, con
el nombre código "Messrs HHHH", que hacía referencia a Hitler, Hess y Karl y Albrecht Haushofer, dos de
los asesores geopolíticos de Hitler. Sería un "aguijón"
para afectar, perturbar y tal vez destrozar los planes
estratégicos de Hitler. El plan era alentar a los alemanes para atacar a Rusia al insinuar que muchos políticos en Inglaterra y Estados Unidos preferían ver que se
derrocara al comunismo ruso que al régimen alemán.
Una paz de compromiso entre Inglaterra y Alemania
se combinaría con destruir al enemigo *común*, el comunismo. Churchill sabía que, como parte del pacto
Nazi-Soviético, Stalin estaba proporcionando a Hitler
gasolina, petróleo, alimento, municiones y partes de
maquinaria, todos los nervios de la guerra, para trabajar en la destrucción de Inglaterra. La Rusia de Stalin en 1940 era un incondicional aliado de Alemania

y es posible que Messrs HHHH ayudara a persuadir a Hitler de que debía proceder con sus planes secretos (Operación Barbarossa) para invadir la Unión Soviética.

Antisemitismo en el círculo interno

Por casi toda su vida, Hitler estuvo atormentado por el pensamiento de su (tal vez) sangre judía. Pero la mayor parte de sus repulsivos secuaces estaban en la misma situación. Himmler tenía parientes judíos, Rosenberg tenía una amante judía y casi con seguridad ancestros judíos. Reinhard Heydrich, presidente del Comité de Wannsee ("la Solución Final") en enero de 1942, pudo tener un abuelo judío. Goebbels estuvo comprometido con una judía y su personal lo apodó "el rabino". Adolf Eichmann (1900-62), que fue colocado por Himmler como jefe de la Oficina Central para la Emigración Judía en Viena, fue un niño al que a menudo insultaban por su apariencia semita y los antecedentes semitas de su familia. Karl Haushofer tenía una esposa judía; el asesor oculto de Hitler, Erik Jan Hanussen era judío. El padre del general de la Luftwaffe, Erhard Milch, era judío. Göring, Hess y Speer eran los únicos prototipos arios en la corte de Hitler. Himmler, Heydrich y Goebbels fueron los más rabiosos perseguidores de la raza judía en el Tercer Reich y parecían competir unos con otros en sus frenéticos ataques.

Feliz Navidad "Consolidada con Sangre"

Hitler y Ribbentrop enviaron por cable sus felicitaciones de Navidad al camarada José Stalin en Moscú el 21 de diciembre de 1939. "Los mejores deseos para tu bienestar personal además de un próspero futuro para los pueblos de la amistosa Unión Soviética". A lo que Stalin contestó: "La amistad de los pueblos de Alemania y la Unión Soviética, consolidada por la sangre, tiene todas las razones de ser duradera y firme". Dieciocho meses después, en la Operación Barbarossa, es seguro que la alianza temporal se "consolidó con sangre" cuando fueron asesinados millones de soldados y civiles rusos. Cuando Polonia estaba siendo devastada por Alemania y Rusia a finales de 1939, Shirer escribió: "Y ahora oscuridad. Un nuevo mundo. Apagones, bombas, matanzas, nazismo. Ahora la noche y los alaridos de barbarismo".

La avalancha de Hitler

En 1940, Hitler le dijo a Himmler, Heydrich y Schellenberg: "Al principio deseaba colaborar con Gran Bretaña. Pero rechazó mis insinuaciones... nuestros verdaderos enemigos, en el este, esperan tranquilamente a que Europa se agote... Churchill debe comprender que Alemania tiene derecho a vivir... Y combatiré a Inglaterra hasta que deje su pedestal. Llegará el día en que se mostrará dispuesta a considerar un acuerdo entre nosotros". El joven y duro coronel de las SS

Schellenberg preguntó a su Führer: "Pero una guerra así es comparable a una avalancha. ¿Y quién se atreverá a dirigir el curso de una avalancha?" "Mi querido chico", contestó Hitler, "ésas son mis preocupaciones, déjamelas a mí".

Ejercicio Weser

La hábil operación de Hitler para apoderarse de Dinamarca y Noruega, con nombre código *Weserübung* ("Ejercicio Weser", en honor al río Weser de Alemania), dependía de que la Naval alemana se apoderara de los puertos, en particular de Noruega, para dar a las fuerzas navales alemanas acceso directo al Atlántico y asegurar el flujo de mineral de hierro de la neutral Suecia. El 8 de abril de 1940, en el jardín de la Cancillería, Hitler habló con Goebbels sobre el Ejercicio Wesel, que involucraba a 250,000 hombres. Es curioso que el Führer mencionara que la operación Noruega era la única asignación que daría a la naval… dando a entender que un desembarco exitoso en Inglaterra era poco probable. Por lo tanto, se le dijo a Goebbels que mantuviera el odio público de Inglaterra en el nivel anterior y que no creara expectativas de una invasión a ese país. El 16 de julio, Hitler dio instrucciones en forma desganada para la Operación León Marino, una operación de desembarco en la costa sur inglesa. En su diario, Goebbels notó en Hitler cierto "temor al agua".

El punto de apoyo británico

La campaña noruega, descrita por Hitler como "la operación más osada en la historia moderna", fue planeada con brillantez por sus comandantes Keitel, Alfred Jodl y Raeder. Transportes de tropas disfrazados como barcos de vapor de carbón, con equipo pesado, artillería, municiones y provisiones ocultos bajo el carbón. Barcos de guerra alemanes rápidos bajo la protección de banderas británicas desembarcarían tropas en Trondheim, Stavanger y Narvik. Dos barcos de batalla y diez destructores protegían más barcos con tropas, y el traicionero político fascista noruego, el mayor Vidkun Quisling, esperaba para formar un gobierno controlado por los alemanes. Tropas en paracaídas aterrizaron y Oslo se rindió con rapidez. Pero la Naval Real hundió la mitad de los barcos alemanes y dos desembarcos de tropas británicas en Namsos y Harstad llevaron a Hitler al borde de una crisis nerviosa. Lleno de pánico, ordenó a la Luftwaffe destruir Namsos y Åandalsnes y le dijo a sus ayudantes: "Conozco a los británicos. Los enfrenté en la Gran Guerra. Donde consiguen un punto de apoyo no hay forma de volver a expulsarlos".

Aniquilar a Inglaterra

Hitler, Goebbels y Speer estaban sentados en el salón de Hitler en Berlín en el otoño de 1939, observando una película del bombardero en picado Stuka de la Luftwaffe destruyendo Varsovia. Hitler estaba fascinado. La película terminaba con un montaje de un avión en picado hacia el contorno de las Islas Británicas. Le seguía una explosión de llamas y las islas volaban por los aires en pedazos. El entusiasmo de Hitler no tenía límites. "¡Es lo que les va a pasar!... ¡Así es como los aniquilaré!"

La ayuda de de Gaulle

En 1925, cuando Hitler estaba escribiendo *Mein Kampf*, explicó en detalle su plan para invadir Francia a través de Holanda. Esto se confirmó en el Memorándum Hossbach secreto de 1937. Para 1940, la guerra estaba teniendo un efecto en el frente económico en Alemania y había un severo racionamiento, que era impopular, aunque los suministros de Rusia, Austria y Dinamarca estaban ayudando. Alemania necesitaba mucho los prósperos tesoros de Holanda y Francia. Hitler planeaba la *Fall Gelb* ("Operación Amarillo"), la invasión de Holanda y Bélgica, con brillantez. El 10 de mayo de 1940, el blitzkrieg empezó bajo el bombardeo de las ciudades por la Luftwaffe, los Stukas lanzando bombas en picada a los puntos de resistencia y paracaidistas del ejército bajando en fortalezas y puestos fortificados. Los Panzers avanzaron sobre las defensas holandesas, belgas, francesas y británicas y la "quinta columna" de saboteadores estaba en acción. Fue horrible pero salvajemente efectivo. "La hora de la batalla decisiva por el futuro de la nación alemana ha llegado. La batalla que empieza ahora decidirá el futuro de la nación alemana por los próximos mil años", prometió Hitler en la radio. Rotterdam fue pulverizada y Hitler amenazaba con hacer lo mismo con Utrecht, Ámsterdam y París. Se eludieron las defensas de la Línea Maginot francesa y los *poilus* se rindieron por miles. El comunicado militar por la radio alemana lo llamó: "una derrota aplastante francesa". Hitler se negó a permitir la publicación de las listas de bajas y todo programa de la victoria terminaba con la canción de marcha: "Marchamos contra Inglaterra, Hoy poseemos Alemania, Mañana el Mundo Entero". Hitler reclamó el mérito total por el éxito de *Fall Gelb*: "He leído una y otra vez el libro del coronel de Gaulle en los métodos de guerra moderna empleando unidades totalmente motorizadas. He aprendido mucho de él".

"Bramidos y gritos de Hitler" y la evacuación de Dunquerque

En la Operación Amarillo, el Wehrmacht, la Luftwaffe, las tropas de paracaidistas y planeadores precedidos por diez divisiones Panzer, habían barrido con Holanda y el norte de Francia, comenzando el 10 de mayo de 1940. Hitler había concebido en persona los brillantes descensos transportados por el aire que habían capturado puentes vitales y la fortaleza Eben Emael de Bélgica. Con sus tropas sobre el río Meuse para el 13 de mayo, el Alto Mando Alemán se alarmó por el éxito del ejército Panzer del general Ewald von Kleist. Su jefe del Estado Mayor, el general Franz Halder, escribía un diario. "18 de mayo. Cada hora es preciosa, el cuartel del Führer lo ve de otra manera. Inexplicablemente, el Führer sigue preocupándose del flanco sur. Brama y grita que estamos en camino a arruinar por completo la campaña completa y que estamos dirigiéndonos a una derrota. No aceptará parte alguna de continuar la operación en dirección al oeste [hacia Dunquerque]". El 21 de mayo un contraataque de tanques británicos cerca de Arras causó alarma en el Cuarto Ejército Alemán. Hitler visitó el cuartel del general von Rundstedt en Charleville el 24 de mayo. El general Blumentritt, oficial clave en la reunión, le dijo a Liddell Hart, el historiador militar británico: "Hitler estaba de muy buen humor. Admitió que el curso de la campaña había sido 'un claro milagro' y nos compartió su opinión de que la guerra terminaría en seis semanas… Luego nos sorprendió al hablar con admiración del Imperio Británico, de la necesidad de su existencia, y de la civilización que Inglaterra había llevado al mundo… Concluyó diciendo que su meta era hacer la paz con Inglaterra basándose en lo que ella considerara compatible con su honor para aceptar". Von Rundstedt y el general von Brauchitsch recomendaron que el terreno alrededor de Dunquerque era inapropiado para los panzers alemanes, que eran necesarios para un ataque posterior al sur. Lo que es más, Göring había persuadido a Hitler que la Luftwaffe terminaría con las tropas británicas y francesas acorraladas. Hitler aceptó este consejo. Entre el 27 de mayo y el 4 de junio 338,000 soldados británicos y franceses fueron transportados por mar… el "milagro de Dunquerque". Mientras esto estaba pasando, el 2 de junio, de nuevo en Charleville, Hitler se dirigió a Rundstedt y a sus generales y de nuevo alabó a Inglaterra y su misión por la raza blanca.

Venganza y triunfo de Hitler

El 21 de junio de 1940, en un pequeño claro en el bosque de Compiègne, Hitler, vengándose por la capitulación alemana en el mismo sitio en 1918, humilló a los políticos y generales franceses. En medio del claro estaba el ferrocarril original Wagon-Lit del mariscal Foch, sacado de su ubicación original en el museo, cuyos muros los alemanes acaban de derribar. Fue un hermoso día de verano y el sol pegaba en olmos, robles, pinos y cipreses que rodeaban el claro en Rethondes. A las 3:15 p. m., Hitler y su séquito llegó en una caravana de Mercedes negros. Él usaba un uniforme militar gris de campaña cruzado; Göring usaba su uniforme azul cielo de la Luftwaffe; los generales Keitel y Brauchitsch usaban uniforme gris de campaña; el gran almirante Raeder usaba el uniforme naval azul oscuro. Rudolf Hess y Ribbentrop estuvieron ahí, pero no Goebbels. Todos ellos leyeron la inscripción en la estatua de Alsacia-Lorena, que decía (traducido): "Aquí el once de noviembre de 1918 sucumbió el orgullo criminal del Imperio Alemán... derrotado por los pueblos libres que trató de esclavizar". Se vio la cara de Hitler "encenderse con desdén, ira, odio, venganza y triunfo". Dentro del vagón de tren con la delegación francesa, encabezada por el general Charles Huntziger, Hitler deliberadamente se sentó en el lugar que Foch había ocupado al firmar el Armisticio de 1918; luego, como desaire a los franceses, salió, dejando a Keitel para negociar, o dictar, los términos del nuevo armisticio.

El recorrido artístico de Hitler

Con un pequeño grupo selecto, Hitler visitó París, que había caído el 14 de junio, temprano en la mañana del 23 de junio de 1940, acompañado por Speer, su invaluable arquitecto, el teniente Wilhelm Brückner, el coronel (más adelante, general) Wilhelm Speidel (asignado por la nueva Autoridad de Ocupación Alemana) y Arno Breker, el escultor de Hitler. El grupo voló al campo aéreo de Le Bourget y luego fueron al recorrido turístico de Hitler en tres carros Mercedes grandes. "Parecía fascinado por la Opéra, estaba en éxtasis por su belleza, con los ojos brillantes, con una emoción que me pareció extraña", escribió Speer. Luego pasaron la Madeleine, el Arc de Triomphe y la Tumba del Soldado Desconocido, a los Champs-Élysées, el Trocadero, la Torre Eiffel, les Invalides (Hitler pasó largo tiempo examinando la tumba de Napoleón) y el Panteón. Speer notó con algo de tristeza que Hitler mostró poco interés en las obras más hermosas de París... el Place des Vosgues, el Louvre, Palais de Justice, Sainte-Chapelle. Sin embargo, se animó con las elegantes casas en la Rue de Rivoli. Para las 9 a. m. había terminado el recorrido. Hitler dijo a su grupo: "Fue el sueño de mi vida que se me permitiera ver París. No puedo decir lo feliz que estoy de que ese sueño se haya cumplido hoy ".

El plan Madagascar

La Oficina Alemana del Exterior y la Oficina Central para Seguridad del Reich (*Reichssischerheitshauptamt*, o la RHSA) habían elaborado un plan para deportar a todos los judíos europeos a Madagascar, propiedad de Francia. El 12 de julio de 1940, después de la caída de Francia, Hitler había dado el visto bueno a los planes de deportación y declaró que Francia tenía que renunciar a la isla. Deseaba un "gueto forzado" ahí, y aceptó que podrían haber muchas bajas entre los deportados. Hans Hinkel, jefe de la Sección Judía del Ministerio de Propaganda, informó el 8 de septiembre que, si el transporte estaba disponible, los 72,000 judíos de Berlín se podían sacar en dos meses. El 17 de septiembre Hinkel informó a Hitler que para "evacuar" a 3.5 millones de judíos europeos a Madagascar requerían el final exitoso de la guerra con Gran Bretaña. Sólo en 1941 se abandonó el plan Madagascar.

La Duquesa pensativa: Operación Willi

DESDE QUE EL AUTOEXILIADO duque de Windsor se reunió con Hitler en 1937, había estado sirviendo como mayor general con la Misión Militar Británica cerca de París. Después del éxito en 1940 de la Operación Amarillo de Hitler en eliminar a Francia de la guerra, los Windsor escaparon de Francia a través de España a Portugal. El duque atacó implacablemente la continuación de la guerra de Churchill y predijo que el "prolongado bombardeo pesado hará que Inglaterra esté lista para la paz". En julio de 1940, Ribbentrop puso en movimiento el plan para secuestrar al duque: la Operación Willi. Envió a Walter Schellenberg (que se convertiría en jefe del Departamento de Inteligencia del Exterior de las SS en 1941) a Lisboa para asegurar que no se dañara al duque, el cual estaba viviendo con algo de estilo en la mansión de un banquero portugués. El duque le habló a Schellenberg de su aversión a Churchill y la guerra con Alemania y de su disposición a aceptar un puesto alto en una Inglaterra derrotada. Los pasaportes de los Windsor habían sido incautados por la Embajada Británica en Lisboa, pero Schellenberg hizo arreglos para que pudieran cruzar a España si lo deseaban. El 11 de julio, Ribbentrop envió un cable al embajador alemán en Madrid de que Alemania facilitaría el camino para que "el duque y la duquesa ocuparan el trono británico". El duque contestó que la constitución británica pro-

hibía a un monarca que abdicaba volver al trono. El
emisario alemán sugirió que la Inglaterra conquistada
necesitaría una nueva constitución y "la duquesa en
particular parecía muy pensativa". El 1 de agosto los
Windsor volaron a las Bahamas.

¿Una revolución en Inglaterra?

SE PERMITIÓ A WILLIAM SHIRER, el periodista estadunidense de CBS, visitar todos los puertos del Canal donde la Wehrmacht estaba haciendo preparativos para la
Directiva No. 16 de Hitler, *Unternehmen Seelöwe* ("Operación León Marino"), para la invasión de Inglaterra.
El 21 de julio de 1940, el Führer había contado a sus
generales en Berlín: "La situación de Inglaterra es des-
esperada. Nosotros ganamos la guerra. Es imposible
que se invierta la posibilidad de éxito". Shirer estaba
sorprendido de que todos los preparativos que vio en
la costa fueran defensivos, no ofensivos. Cuando por
órdenes de Hitler, Göring lanzó el *Unternehmen Adler-
rangriff* ("Operación Ataque del Águila") vio todos los
días a los aviones de Luftwaffe que dejaban los aero-
puertos franceses para el enorme ataque contra Inglaterra del 15 y 16 de agosto. Pero los berlineses se
sorprendieron cuando la noche del 25 de agosto, la RAF
bombardeó Berlín... algo que Göring había asegurado que era imposible. Hitler continuó postergando la
decisión de invadir Inglaterra y cuando el 16 de septiembre la RAF destrozó un ejercicio de entrenamiento

alemán en el mar de gran tamaño, llevó a cabo tres acciones: Aceleró los planes para Barbarossa, la invasión de Rusia, autorizó el bombardeo masivo indiscriminado de Londres y, el 12 de octubre, pospuso el *Seelöwe* hasta la primavera de 1941. De acuerdo a un oficial de alto nivel del Estado Mayor de las Fuerzas Armadas, el teniente coronel Bernhard von Lossberg, Hitler esperaba seriamente que explotara una revolución en Inglaterra como resultado del bombardeo devastador de Londres.

Operación sonata a la luz de la luna

Cuando la RAF bombardeó Múnich, en forma muy ligera, a principios de noviembre de 1940, Hitler exigió en persona venganza para este insulto. La "Operación Sonata a la Luz de la Luna" fue el nombre código para el ataque de la Luftwaffe con cientos de bombarderos, que atacaron Coventry la noche del 14 de noviembre. Se equipó un escuadrón "pathfinder" con un *X-Gerät* o rayo X, un sistema de radionavegación para guiarlos a su objetivo. Una señal audible y continua de radio transmitida por la ruta al objetivo cambiaba su nota si el bombardero se desviaba de su línea; cerca del objetivo un segundo y un tercer rayo cortaban el primero, indicando "soltar bombas". El problema se resolvió en parte gracias a un brillante oficial científico joven, R. V. Jones, que interfería o desviaba el rayo X de la Luftwaffe. Churchill lo llamó "la guerra de los magos".

Poder ilimitado

EL GENERAL GOTTHARDT HEINRICI, oficial alemán pero no nazi, hizo notar un discurso de Hitler a finales de 1940 en que el Führer afirmaba que era el primer hombre desde Carlomagno en tener poder ilimitado en su propia mano. Dijo que él no sostenía el poder en vano, sino que sabría cómo usarlo en una lucha por Alemania. Si no se ganaba la guerra, significaría que Alemania no había aprobado la prueba de fuerza; en cuyo caso merecería estar condenada y lo estaría.

Búnkeres

CUANDO LOS ATAQUES DE BOMBARDEOS DE LA RAF se volvieron más pesados después de los esfuerzos simbólicos de 1940, Hitler dio órdenes para que se construyeran una cantidad considerable de búnkeres para su protección personal. Al aumentar la fiabilidad y el peso de las bombas británicas (y más adelante las estadunidenses), también lo hizo el grosor de los techos de concreto de los búnkeres. Al final, la profundidad del concreto llegó a cinco metros. Se construyeron sistemas de búnkeres de Hitler en Rastenburgo, Berlín, Pullach, cerca de Múnich, en el palacio para invitados cerca de Salzburgo, en Obersalzberg, en el cuartel de Bad Nauheim y, al final de la guerra, en dos cuarteles generales subterráneos en las montañas de Silesia y Thurigia. La más grande de todas fue el "Gigante", cerca de Bad Charlottenbrunn, que costó 150 millones de marcos del Reich con sus 250,000 metros cúbicos de concreto reforzado, 6 puentes, 58 kilómetros de caminos y 100 kilómetros de tuberías. Por supuesto, se construyeron albergues y búnkeres adicionales para seguridad de todos los gauleiters, por órdenes de su Führer. Göring construyó gran cantidad de instalaciones subterráneas en Carinhall y en Veldenstein, cerca de Núremberg, y se tuvo que proporcionar abrigos de concreto a intervalos regulares en el camino de 80 kilómetros de Carinhall a Berlín.

Londres en llamas

A finales de 1940, Hitler hizo un discurso en la Cancillería. "¿Alguna vez viste un mapa de Londres? Está construida con los edificios tan cerca que una sola fuente de incendio bastaría para destruir toda la ciudad, como sucedió una vez hace más de doscientos años. Göring desea utilizar innumerables bombas incendiarias de un tipo totalmente nuevo para crear fuentes de fuego en todas partes de Londres. Incendios en todas partes. Miles de ellas. Entonces se unirían en un área gigantesca de conflagración. Göring tiene la idea correcta. Las bombas explosivas no funcionan, pero se puede hacer con bombas incendiarias... la destrucción total de Londres".

¿El mayor conquistador?

William Shirer observó con creciente horror y fascinación mientras Hitler aplastaba el espíritu humano y la libertad en Alemania, perseguía a judíos y entonces los destruyó a ellos y a cualquiera que se le opusiera, y arrastró a su nación a la guerra. La mayoría de los alemanes aprobó felizmente este "barbarismo nazi". Shirer observó el escenario político, social y militar, principalmente en Berlín, del verano de 1934 hasta diciembre de 1940, quince meses después de que Hitler sumergiera a Europa en la guerra. "Cuando partí de Berlín, las tropas alemanas, después de las conquistas rápidas y fáciles de Polonia, Dinamarca, Noruega, Holanda, Bélgica y Francia, estaban de guardia desde el Cabo Norte a los Pirineos, del Atlántico a más allá del Vístula. Inglaterra estaba sola. Pocos dudaban que Hitler surgiera del conflicto como el mayor conquistador desde Napoleón. No muchos creían que Inglaterra sobreviviría".

La precisión de mecanismo de reloj de Hitler

John "Jock" Colville, subsecretario privado de Churchill, era amigo de Herschel Johnson, ministro en la Embajada Estadunidense en Londres. Colville tenía una tesis interesante, que "Hitler había quedado tan impresionado por la destreza del trabajo de su propio personal y por la velocidad y regularidad con que se habían logrado sus objetivos (hasta julio de 1941), que dejó de creer que algo fuera imposible. Mientras que es posible que nuestras autoridades adopten un punto de vista pesimista de una operación y en cualquier caso preparen un programa lento, las operaciones [en tierra] alemanas siempre han tenido éxito. Los escuadrones y divisiones alemanes se mueven de este a oeste o de norte a sur en tantos días como nuestras fuerzas requieren semanas. Así, creo que Hitler no consideró la posibilidad de que lo detuvieran en Rusia. Todo trabajaría con la misma precisión de mecanismo de reloj que antes".

El pintor desconocido

"Debo decir", escribió Hitler en julio de 1941, "que siempre disfruto encontrarme con el Duce [Mussolini]. Es una gran personalidad. Es curioso pensar que, al mismo tiempo que yo, estaba trabajando en el comercio creciente en Alemania… Si el Duce muriera, sería una gran desgracia para Italia. Mientras caminaba con él en los jardines de la Villa Borghese, con facilidad podía comparar su perfil con el de los bustos romanos y me di cuenta que era uno de los césares. No hay duda alguna que Mussolini es el heredero de grandes hombres de ese periodo. A pesar de sus debilidades, los italianos tienen tantas cualidades que hace que nos agraden… El sentido musical del pueblo italiano… ¡la belleza de la raza!… ¡La magia de Florencia y Roma, de Ravena, Siena, Perugia! Toscana y Umbría, ¡qué hermosas son!… Mi deseo más anhelado sería vagar por Italia como un pintor desconocido".

Una de las joyas de Europa

EL MARISCAL DE CAMPO GÜNTHER VON KLUGE preguntó a Hitler la noche del 29 de octubre de 1941 su punto de vista sobre París, la cual había visitado el año anterior.

"Yo estaba muy feliz", comentó el Führer, "pensar que al menos había una ciudad en el Reich que era superior a París desde el punto de vista del gusto… me refiero a Viena. La parte antigua de París da una sensación de completa distinción. Las grandes vistas son imponentes… En el presente Berlín no existe, pero un día será más hermoso que París… Fue un alivio para mí que no nos viéramos obligados a destruir París… Toda obra terminada es de valor como ejemplo… El Anillo en Viena no existiría sin los bulevares de París, Es una copia de ellos".

Hitler aprobó les Invalides, la Madeleine, la Paris Opéra, la torre Eiffel, pero encontró pésimo Sacré-Coeur y el Panthéon una horrible desilusión (los bustos estaban muy bien, ¡pero las esculturas!). "Pero, en general, París sigue siendo una de las joyas de Europa".

"Ese astuto caucasiano"

TRES SEMANAS DESPUÉS del lanzamiento exitoso de la Operación Barbarossa el 22 de junio de 1941, Hitler contó a sus compañeros de cena: "Stalin es una de las figuras más extraordinarias en la historia mundial. Empezó como empleado menor y nunca ha dejado de ser empleado. Stalin no debe nada a la retórica (a diferencia de quien habla]. Gobierna desde su oficina, gracias a una burocracia que obedece todos sus más mínimos deseos. Es sorprendente que la propaganda rusa, en las críticas que hace de nosotros, siempre se mantiene dentro de ciertos límites. Stalin, ese astuto caucasiano, parece estar totalmente listo para abandonar la Rusia europea, si piensa que no poder resolver sus problemas causaría que perdiera todo. Que nadie piense que Stalin podría reconquistar Europa desde los Urales... Ésta es la catástrofe que causará la pérdida del imperio soviético". Los ejércitos de Hitler habían logrado un avance extraordinario en Barbarossa y parecía como si Moscú sería tomada para la Navidad de 1941. Pero cuando capturaron al hijo de Stalin, Hitler ordenó que se le diera un tratamiento muy bueno.

Hitler respecto al pueblo judío

En la cena del 25 de octubre de 1941, Hitler contó a sus invitados, Heinrich Himmler y Reinhard Heydrich: "Desde el podio del Reichstag profeticé al pueblo judío que en caso de que demostrara ser inevitable una guerra, los judíos desaparecerían de Europa. Esa raza de criminales tiene en su conciencia los dos millones de muertos de la Primera Guerra Mundial y ahora ya cientos de miles más. ¡No dejen que nadie me diga que, de todos modos, no los podemos dejar en las partes pantanosas de Rusia! ¿Quién está preocupado por nuestras

"ENTRE MÁS RÁPIDO VAMOS MÁS RÁPIDO SE ALEJA"

tropas? A propósito, no es mala idea que los rumores nos atribuyan un plan para exterminar a los judíos. El terror es algo saludable. El intento de crear un estado judío será un fracaso".

Para 1941, ya había muchos campos de concentración, incluyendo Ravensbrück y Auschwitz. Himmler mismo ordenó que Birkneau en Polonia debía convertirse en centro de matanza para oficiales rusos, y que Chelmno, también en Polonia, debía ser el primer campo de exterminio: ambos en 1941, antes de la acogedora pequeña cena con el Führer.

La salida dramática de Hess

En la noche del 10 de mayo de 1941, un granjero escocés quedó más que un poco sorprendido de encontrar a un alemán en uniforme de la Luftwaffe y con un tobillo roto. El hombre dijo en un inglés cuidadoso: "Tengo un mensaje importante para el duque de Hamilton". Lo arrestaron de inmediato. Más temprano esa noche, Rudolf Hess, se cree que ansioso de impresionar a su Führer cerrando un acuerdo de paz con Inglaterra, y asegurando una victoria alemana, había volado de repente y en secreto a Escocia y se había lanzado en paracaídas para hablar de los términos de la paz con el duque de Hamilton.

Hitler, Göring, Ribbentrop y Bormann quedaron horrorizados cuando se enteraron de esta acción y muy preocupados. "Si Hess en realidad llega allá, sólo imagina: ¡Churchill tiene a Hess en sus manos! Qué demencia de parte de Hess. Le darán a Hess alguna droga u otra para hacer que se pare frente a un micrófono y transmita lo que quiera Churchill", fue la reacción de pánico de Hitler. Después de diez intentos de hacer un comunicado oficial, Hitler insistió en la inclusión de la frase: "fue la acción de un demente". Como sea, los británicos llegaron con rapidez a la misma conclusión… incluso si no estaba loco, con seguridad tenía una enfermedad mental. Hess había estado al lado de Hitler desde la Gran Guerra: sirvieron en el mismo regimiento, marchó con él en el putsch de Múnich, estuvo en prisión con él en Landsberg, era un amigo y colega muy cercano. Todo el mundo estaba sorprendido. En el acontecimiento Hess no logró nada y permaneció en cautividad por el resto de su vida, muriendo en la prisión de Spandau, Berlín, en 1987. Hitler más adelante enfatizó lo mucho que "él había estimado a su amigo, recto y honesto hasta que lo pervirtieron".

El camino a la guerra con Estados Unidos

LA POLÍTICA NAVAL DEL presidente Roosevelt era mantener abiertas las rutas marítimas a Europa y no dejar que lo intimidara el bloqueo submarino de Hitler. El Acuerdo de Préstamo y Arriendo, negociado en su mayor parte entre Roosevelt y Churchill, significó una corriente de barcos mercantes estadunidenses y británicos que transportaban carga a través del Atlántico Norte, que a su vez estimuló la flota de U-boots de Hitler. El almirante Raeder deseaba atacar el envío de mercancía estadunidense, que Hitler se negó rotundamente a considerar. En septiembre de 1941 el destructor estadunidenses *Greer* fue atacado por un U-boot, y en represalia empleó cargas de profundidad, convirtiéndose en el primer barco de Estados Unidos en disparar a una nave alemana en esa guerra. Aunque Estados Unidos no entraría a la guerra en forma oficial por otros tres meses, este incidente provocó que Roosevelt diera a la naval de Estados Unidos una orden de "disparar al ver". En octubre, atacaron el USS

Kearney y hundieron el USS *Reuben James*. El 28 de noviembre los japoneses estaban sugiriendo una alianza militar con Alemania para una guerra contra Estados Unidos y Gran Bretaña. El 4 de diciembre, Hitler ya había decidido ir a la guerra contra Estados Unidos, esperando que los estadunidenses tuvieran que combatir dos guerras navales, contra Alemania y contra Japón, dándole más tiempo para finalizar la campaña rusa. Sin embargo, la noticia el 7 de diciembre del ataque japonés a la flota estadunidense del Pacífico en Pearl Harbor llegó como una completa sorpresa para Hitler (como lo fue para Churchill). El 11 de diciembre, se ordenó a Ribbentrop decir al *chargé d'affaires* estadunidense, Leland B. Morris, que Alemania ahora estaba en guerra con Estados Unidos. Entonces Hitler le dijo al Reichstag que se había declarado la guerra, culpando a Roosevelt por provocar el conflicto. Goebbels estaba encantado y dijo: "Estados Unidos necesitará todas sus armas militares para combatir a Japón, no para abastecer a Inglaterra". Entonces Hitler firmó el acuerdo tripartito alemán-italiano-japonés con "inquebrantable decisión" de no deponer las armas hasta que se ganara la guerra contra Estados Unidos e Inglaterra.

La rabia de un Führer

El general Heinz Guderian (1885-1954) fue el principal experto en guerra blindada de Hitler. Mientras que el mariscal de campo Erwin Rommel será recordado por los éxitos de su Afrikakorps y su fracaso final, en el norte de África, y tal vez por su mando de poca duración en Normandía, el registro de Guderian al mando de los blindados en Polonia, Holanda, Francia y Rusia era muy superior. Franco y directo en la cara de Hitler en las críticas a sus decisiones, describe la rabia de un Führer: "Sus puños levantados, sus mejillas enrojecidas por el enojo, todo su cuerpo temblando, el hombre se paraba frente a mí fuera de sí por la furia, habiendo perdido todo autocontrol. Después de cada arrebato Hitler caminaba de un lado a otro por el borde de la alfombra, luego de repente se paraba justo frente a mí y me lanzaba su siguiente acusación a la cara. Casi estaba gritando, sus ojos parecían a punto de salirse y las venas se notaban en las sienes". El día de Navidad de 1941, Hitler corrió a Guderian por llevar a cabo una retirada sensata en contra de la orden específica de Hitler. Lo restituyeron en marzo de 1943, se convirtió en jefe del Estado Mayor del Ejército y Hitler lo despidió de nuevo el 28 de marzo de 1945. Se requirió un enorme valor personal para enfrentar al Führer y muchos de los que lo hicieron terminaron en campos de concentración... o peor.

Sífilis

Hay un capítulo desagradable en *Mein Kampf* sobre la sífilis, y es posible que Hitler se asociara con prostitutas durante su periodo en Viena. Es seguro que insistió en llevar a Gustl Kubizek a una visita del distrito de prostitución.

Se ha debatido extensamente la condición médica de Hitler; se piensa que contrajo sífilis en Viena antes de la Primera Guerra Mundial y para la década de 1940 estaba sufriendo mucho por sus efectos. Se considera que su manía en sus últimos años es una señal de la condición y tenía un latido cardiaco anormal, lo que sugiere aortitis sifilítica. El diario que llevaba el doctor Theodor Morell, su médico favorito, da alguna evidencia circunstancial. Hitler era propenso a encefalitis, vértigo, flatulencia, pústulas en el cuello, dolor de pecho, dolor gástrico y parálisis restrictiva, todos los cuales son síntomas de sífilis.

Hitler despidió a Morell en 1944, cuando sus rivales médicos le sacaron ventaja. Enterró sus diarios cerca de su búnker privado en Bad Reichenhall, al terminar la guerra. Capturado por los Aliados, pero no juzgado, murió en 1948.

Sondeos de paz de Hitler

EN 1941, el gobierno británico produjo un informe para el embajador de Inglaterra ante Estados Unidos, lord Halifax, para su transmisión confidencial al presidente Roosevelt, respecto a no menos de dieciséis intentos de paz que hizo el gobierno alemán entre los veranos de 1939 y 1941. Algunos llegaron con la bendición abierta de Hitler, algunos en forma más tortuosa a través de intermediarios en Suecia, Suiza, España o Portugal. Entre los intermediarios estaban el nuncio

papal, el rey Gustav V de Suecia, el embajador alemán
en Washington y el general Franco. Lord Halifax había participado en muchos de esos sondeos de paz en
su posición previa de secretario del Exterior. Entre los
"jugadores" de Hitler estaba el asesor legal personal
de Hitler, el doctor Ludwig Weissauer, Josef Goebbels,
el presidente del Reichsbank, Hjalmar Schacht, el ex-
ministro de Guerra alemán, el doctor Gessler, Herman
Göring y Heinrich Himmler (cuatro veces). Pero desde
el momento en que Winston Churchill llegó a primer
ministro en mayo de 1940, la respuesta había sido cate-
góricamente negativa.

La sombra campesina
del Führer: "Mefistófeles"

Un burócrata gris, discreto, trabajador y hábil, el
reichsleiter Martin Bormann fue la sombra de Hitler
de 1934 en adelante. Al principio secretario de Hess,
avanzó para volverse indispensable para Hitler y para
1942 había logrado, con la anuencia de Hitler, ganar
el control sobre el calendario de citas de su Führer.
Ningún miembro civil del gobierno o del partido, incluyendo ministros, reichsleiters y gauleiters, podía
tener acceso a Hitler sin la aprobación de Bormann.
Bormann también controló las finanzas personales de
Hitler, de manera que incluso Eva Braun tenía que pe-
dirle fondos para mantenimiento. El vasto complejo
de construcción del Obersalzberg de Hitler estaba bajo

su control. Los jefes militares podían tener acceso con facilidad a través de los tres o cuatro ayudantes militares de Hitler, aunque Bormann tenía el control del dinero. Acompañaba a su señor en todo viaje y nunca dejaba su lado en la Cancillería hasta que Hitler iba a la cama temprano en la mañana. El 12 de abril de 1943, Bormann se convirtió oficialmente en "secretario del Führer". Era trabajador, confiable y en última instancia, indispensable. Sin embargo, Speer pensaba que era un subordinado brutal, tosco y sin cultura que se comportaba como campesino. Su apodo era "Mefistófeles".

Sobre las mujeres

"En este periodo [1925] conocía a muchas mujeres. Varias de ellas se encariñaron de mí. ¿Por qué entonces no me casé? ¿Dejar una esposa tras de mí? A la imprudencia más leve, corría el riesgo de volver a prisión por seis años. Así que no podía haber cuestión de matrimonio para mí. Por lo tanto, tuve que renunciar a ciertas oportunidades que se ofrecieron ellas mismas".

Y de nuevo más adelante, en 1942, recordando, Hitler afirmó: "Es afortunado que no me casara. Para mí, el matrimonio hubiera sido un desastre. Hay un punto en que van a surgir malentendidos entre esposo y esposa; es cuando el marido no puede dar a su esposa todo el tiempo que ella siente que tiene derecho a exigir. Mientras sólo sean otras parejas las involucradas, uno escucha a las mujeres decir: 'No entiendo a Frau Tal y tal. *Yo* no me comportaría así'. Pero cuando es ella la involucrada, toda mujer es irracional en la misma medida. Uno debe comprender esta condición de exigir. Una mujer que ama a su marido vive sólo por su bien. Es por eso, a su vez, que espera que su marido viva de la misma manera, por *su* bien. Es sólo después de la maternidad que la mujer descubre que existen otras realidades en la vida para ella. Por otro lado, el hombre es esclavo de sus pensamientos. Lo gobierna la idea de sus deberes. A fuerza tiene momentos en que desea arrojar todo por la borda, esposa y también hijos".

Secuaces en desorden

Hacia el final de 1942, la camarilla de poderosos ministros de Hitler se dividió en dos grupos que competían uno con otro. Martin Bormann estaba aliado con el mariscal de campo Keitel y Hans Lammers (el ministro del Reich y jefe de la Cancillería del Reich) para formar el "Consejo de Tres". Goebbels, Speer, Walter Funk, ministro de Asuntos Económicos, y Robert Ley, los cuales tenían antecedentes académicos universitarios, formaron, con el apoyo de Göring, un bloque flexible con el objetivo de frenar el creciente control del Consejo de Tres del acceso al Führer. La preocupación casi total de Hitler con la dirección del frente de guerra significaba que el control político, económi-

co y social del pueblo alemán estaba siendo usurpa-
do por el Consejo de Tres. Himmler, el hombre más
peligroso en Alemania, controlaba las brutales actividades de las SS en Alemania y los territorios ocupados, y era casi una ley en sí mismo. Göring, todavía el
No. 2 de Hitler y sucesor designado, ahora estaba perdiendo el control sobre su adicción a la morfina (que
se había originado en la lesión que recibió durante el
putsch de Múnich) y se había vuelto enormemente
gordo (un efecto secundario de la adicción a la morfina); al preferir dedicarse a su magnífica colección de
joyería y pinturas saqueadas, era una sombra de su
brillante personalidad anterior. Mientras la Luftwaffe
fallaba cada vez más en proteger las ciudades alemanas de la RAF, Göring estaba a menudo en desgracia
con Hitler.

Stalin: "Mitad bestia, mitad gigante"

El fracaso en tomar Moscú había cambiado la actitud
de Hitler hacia Stalin. En julio de 1942, Hitler dijo a
sus invitados de cena: "Las armas y el equipo de los
ejércitos rusos son la mejor prueba de su eficiencia en
el manejo de la fuerza de trabajo industrial. También
Stalin debe inspirar nuestro respeto incondicional. En
su propia forma, ¡es un tipo sensacional! Conoce a sus
modelos, a Gengis Khan y a los otros, muy bien, y la
esfera de su planificación industrial es superada sólo
por nuestro propio Plan de Cuatro Años". Hitler esta-

ba seguro que Stalin crearía un empleo total diferente a lo de los estados capitalistas como Estados Unidos. Un mes después, el 9 de agosto 1942, le estaba diciendo a tres gauleiters durante la cena que "de no ser por el lodo y la lluvia del pasado octubre, hubiéramos estado en Moscú muy rápido. Ahora hemos aprendido que en el momento en que llega la lluvia, debemos detener todo... Stalin es mitad bestia, mitad gigante. Es totalmente indiferente al lado social de la vida. La gente se puede pudrir, por todo lo que le importa. Si sólo le hubiéramos dado otros diez años, Europa hubiera sido barrida... Sin el Wehrmacht alemán, todo hubiera acabado en Europa, incluso ahora".

Hitler: "Extraordinariamente humano" con los judíos

LOS INVITADOS ESPECIALES para la comida con su Führer el 23 de enero de 1942 fueron Himmler, Hans Heinrich Lammers (1879-1962), director de Administración en la Cancillería del Reich, y el coronel Kurt Zeitzler, jefe del Estado Mayor General del Ejército. Hitler les dijo: "Los judíos deben abandonar Europa. De otra manera, no será posible una comprensión entre los europeos. Son los judíos los que impiden todo. Cuando lo pienso, me doy cuenta que soy extraordinariamente humano... Por mi parte, me limito a decirles que deben irse... Pero si se niegan a irse de manera voluntaria, no veo otra solución que el exterminio… ¿Por qué los judíos provocan esta guerra?".

La Conferencia Wannsee (ver a continuación), para discutir a "los judíos", había tenido lugar tres días antes, el 20 de enero.

La conferencia de la situación militar de Hitler

Desde el estallido de la guerra en 1939, Hitler dominó todas las principales estadísticas de campaña, en particular del frente ruso. Había un patrón claro en sus conferencias de la situación. Comenzaban todos los días al mediodía y duraban dos o tres horas. Hitler era la única persona sentada, por lo general en un sillón con asiento de junco, y los participantes elegidos se situaban alrededor de una mesa grande de mapa. Asistían las figuras clave, Keitel, Modl y Zeitzler, a menudo Himmler, a veces Göring (que tenía un banco tapizado en el cual poner su constitución corpulenta), todos los ayudantes de campo, el personal del Estado Mayor del Ejército y el personal del Waffen SS y los oficiales de enlace. Lámparas de escritorio con largos brazos articulados iluminaban los mapas. Primero se discutía el escenario de guerra oriental. Tres o cuatro mapas estratégicos pegados unos con otros, cada uno de ellos de alrededor de 2.5 metros por 1.5 metros, se extendían ante Hitler. Todos los detalles del día anterior se habían incluido en los mapas, todo avance, todas las patrullas menores, y el jefe del Estado Mayor explicaba cada anotación. Poco a poco, empujaban los mapas hacia arriba en la mesa... se dedicaban discusiones más prolongadas a las situaciones importantes. El "cabo bohemio", como se conocía despectivamente a Hitler, empujaba divisiones de un lado a otro. Se deleitaba con los detalles insignificantes. Pensaba que al escrutar mapas y el terreno que le mostraban podría influir en los frentes de batalla. Y por supuesto, nunca se permitían retiradas estratégicas. Muy pocos generales se atrevían a oponerse a él.

El tesorero y contador del partido de Hitler

Franz Xavier Schwarz (1875-1947) se unió al Partido Nazi en 1922; contador por entrenamiento, estaba bien capacitado por restaurar la riqueza del partido siguiendo el fallido putsch de Múnich. Uno de los primeros miembros del nuevo y muy reducido NSDAP, se convirtió en tesorero del partido en marzo de 1925 y continuó ahí hasta la desaparición del partido en 1945. Este hombre bajo, gordo, calvo y pedante controlaba las subscripciones de afiliación e hizo crecer los fondos del partido. Llegó a ser uno de los "viejos camaradas" de Hitler y miembro del círculo cerrado. En abril de 1929, cuando Hitler escribió (se ha afirmado) una carta muy explícita a su sobrina Geli Raubal, que cayó en manos de un chantajista, Schwarz hizo los arreglos para pagar. En las "notas de agradecimiento" de 1934, Schwarz estaba en segundo lugar, detrás de Hess, en la lista de Hitler de sus principales partidarios, aunque Martin Bormann había empezado a tomar el control de las finanzas personales de Hitler. En una noche de febrero en 1942, Hitler le dijo a Himmler: "Es increíble lo que el partido debe a Schwarz. Fue gracias al buen orden en que mantuvo nuestras finanzas lo que nos permitió avanzar tan rápido y eliminar a los otros partidos. Schwarz sólo me entrega informes una vez al año". Hitler estaba encantado de que no necesitara preocuparse de los asuntos de la administración. Tres años después, Schwarz quemó todos los documentos financieros del partido en la Casa Parda, el cuartel en Múnich del NSDAP.

La conferencia Wannsee

En el cuartel de SS RSHA, en una villa en Wannsee, Berlín, tuvo lugar una de las reuniones más notorias del siglo veinte. El 20 de enero de 1942, algunos de los secuaces menores de Hitler, oficiales de gobierno y del Partido Nazi de alto nivel, pero no el círculo inmediato de Hitler, se reunieron para planear la "Solución Final", el exterminio de la población judía del Tercer Reich y de Europa. Se manejó con cuidado. Hitler pasó la pelota a su No. 2, Hermann Göring, que pasó la pelota a Himmler, director de las SS, que a su vez se escabulló e hizo a Reinhard Heydrich, director del

RSHA, presidente de la reunión. Los otros eran: Josef Bühler, el secretario de Estado, Adolf Eichmann, el experto de deportaciones de RSHA, quien tomó las minutas, el doctor Roland Freisler, ministro de Justicia, Otto Hoffman por la Oficina Principal de Raza y Reasentamiento, el doctor Gerhard Klopfer (cancillería de NSDAP), Friedrich Wilhelm Kritzinger (cancillería del Reich), SS-Sturmbannführer, doctor Rudolf Lange, el comandante de SD (Inteligencia) para Letonia, el doctor George Leibbrandt (Ministerio del Reich para los Territorios Ocupados del Este), Martin Franz Julius Luther (Oficina del Exterior), gauleiter doctor Alfred Meyer (Ministerio del Reich para los Territorios Ocupados del Este), el jefe de la Gestapo, Heinrich Müller, Erich Neumann, director, Oficina del Plan de los Cuatro Años, Karl Schöngarth (SD), y el doctor Wilhelm Stückart, ministro del Interior... quince en total. El plan de Himmler era extender la responsabilidad a través de tantos departamentos como fuera posible. En ningún punto se mencionó el asesinato... la palabra utilizada fue "reasentamiento", los judíos iban a ser "reasentados" y se acordaron directivas para enviarlos a todos al este como parte de la "solución territorial". El punto de vista de Heydrich era que el vasto fondo laboral en el este creado por esas deportaciones sería empleado para la creación de caminos y proyectos de construcción (aunque con una elevada tasa de muerte).

La Conferencia de Wannsee fue un punto clave hacia la "Solución Final". Todos los quince representantes del Tercer Reich fueron así culpables de orquestar el asesinato en masa.

Investigación nuclear, Etapa 2

EL DIARIO DE GOEBBELS del 21 de marzo de 1942 hacía notar: "La investigación en el campo de la destrucción atómica ahora a avanzado a un punto en que los resultados podrían emplearse en la presente guerra. Es esencial que nos mantengamos al frente de todos los demás".

El general Friedrich Fromm, jefe de Armamentos del Ejército, sugirió a Albert Speer en abril de 1942 que la única oportunidad de que Alemania ganara la guerra se encontraba en desarrollar un arma con efectos totalmente nuevos. De 1937 a 1940, el ejército había gastado 550 millones de marcos del Reich en el desarrollo de un cohete grande, que producía, en Peenemünde, las primeras armas V (por Venganza). El 6 de mayo de 1942, Speer propuso a Hitler que se pusiera a Göring a la cabeza del Consejo de Investigación del Reich, enfatizando así su importancia. Speer fue presidente de una reunión en la Casa Harnack, el centro en Berlín del Kaiser Wilhelm Gesellschaft (la Sociedad Kaiser Wilhelm para el Avance de la Ciencia), con el mariscal de campo Erhard Milch, el jefe de armamentos de la Luftwaffe, el general Fromm, el almirante Karl Witzell y diversos científicos, entre ellos los ganadores del Premio Nobel, Otto Hahn y Werner Heisenberg. El profesor Heisenberg estaba amargado por la falta de apoyo para investigación nuclear en Alemania.

Hitler niega sus raíces

AL CONDUCIR DE BUDWEIS a Krems en 1942, Speer se dio cuenta de una placa grande en una casa del pueblo de Spital, cerca de la frontera de Checoslovaquia. La oración decía: "El Führer vivió aquí en su juventud". Speer más adelante se lo mencionó a Hitler, quien se puso hecho una furia y gritó que llevaran a Martin Bormann, que se apresuró a ir, asustado. Bormann informó que Hitler le dijo gruñendo: "Cuántas veces he dicho que este pueblo [Spital] no se debe mencionar nunca. Ese idiota de gauleiter ha ido y puesto una placa. Se debe retirar de inmediato". Hitler estaba avergonzado de su padre y de su primera educación. Las "raíces" de Linz y Braunau estaban bien, pero no Spital donde había vivido Alois Schicklgruber quien nació en forma ilegítima.

Unos años después, el asesor legal de Hitler y miembro del Partido Nazi, Hans Frank, pasó el tiempo antes de su ejecución por crímenes contra la humanidad escribiendo una narración de su vida. En ella afirmaba que en 1930 Hitler lo había comisionado para investigar a su abuelo desconocido. Frank afirmó haber descubierto que su abuelo fue un judío austriaco joven llamado Frankenberger para el que la abuela de Hitler, Maria Anna Schicklgruber, trabajaba como doncella. Ella dio a luz el 7 de junio de 1837 en House 13, Strones, en la región del Walviertel austriaco, a Alois, que llegaría a ser el padre de Hitler. Maria posteriormente se casó con Johann Georg Hiedler, pero no fue hasta 1876 que Alois Schicklgruber, de casi cuarenta años de edad, llevó su acta de nacimiento al sacerdote local, el cual estuvo de acuerdo en hacer una anotación ilegal en el espacio en blanco, escribiendo el nombre requerido de Hiedler como Hitler. Ahora era Alois Hitler en forma oficial. Sin embargo, no existe evidencia concreta de que Frank pasara sus "descubrimientos" a Hitler o de cualquier conexión con una familia llamada Frankenberger.

Johann Georg mismo pudo haber sido el padre, o tal vez su hermano casado, Johann Nepomuk Hiedler, con el que Alois fue a vivir... en Spital. La madre de Adolfo, la tercera esposa de Alois, era nieta de Johann Nepomuk.

Parece cierto que Hitler estaba preocupado de que se pudiera encontrar algo dañino respecto a su ascendencia... en el peor caso que su abuelo había sido judío, o que nació de una relación incestuosa, lo cual, combinado con historias de demencia en la familia, tenía serias implicaciones. En conjunto, una vergüenza para el líder de un partido cuya meta era "mantener la pureza de la Raza Superior Alemana".

Churchill provoca problemas

A pesar de la acción unilateral de Hess de buscar una
solución pacífica mediante el duque de Hamilton,
Hitler todavía no sabía el verdadero estado de la decisión de los políticos británicos para continuar combatiendo. Pero gracias al trabajo del ala de propaganda (SO1) de la Dirección de Operaciones Especiales
(SOE), y de su utilización de muchos intermediarios,
se había alentado a Hitler a creer que lord Halifax podía decidir expulsar a Churchill del cargo de primer
ministro y negociar un armisticio con Alemania. SO1,
renombrado como el Comité Ejecutivo para la Guerra,
o PWE, estaba bajo el liderazgo del amigo incondicional de Churchill, Brendan Bracken. Una de sus actividades era tratar de atraer a Himmler, mediante su leal
Schellenberg, para demandar la paz y tal vez derrocar
a Hitler en el proceso. Himmler llevó a cabo media docena de intentos a través de Estocolmo y Madrid para
establecer un "concordato"; por supuesto, Churchill
no tenía la intención de firmar un acuerdo de paz. Pero
el PWE continuó con sus campañas para provocar problemas entre los miembros de alto nivel del Führer.

Investigación nuclear, Etapa 3

El físico ganador del Premio Nobel, el profesor Werner Heisenberg informó en 1942 sobre la "destrucción
de átomos" y la creación de la máquina de uranio y el
ciclotrón, una máquina de aceleración de partículas y
de destrucción de átomos. Declaró que Alemania ha-

bía descubierto la solución científica para la fisión nuclear y que, en teoría, era posible construir una bomba atómica, *pero* hacían falta fondos y materiales, y que se debían reclutar científicos en los servicios de investigación nuclear. Sólo había un ciclotrón en Europa, estaba en París y tenía una capacidad mínima. Speer dijo que estaban disponibles abundantes fondos y el general Fromm ofreció liberar varios cientos de científicos de los servicios. Sin embargo, quedó claro para Speer que no podían contar con nada por tres o cuatro años, y que era seguro que la guerra se decidiría mucho antes de ese tiempo.

Historia para la hora de acostarse de Hitler

El exaltado pianista Putzi Hanfstängl al final molestó tanto a Hitler que, después de un curioso episodio en que al parecer se envió a Putzi a España en una misión especial, que requería que se lanzara en paracaídas a una zona de peligro, y que tal vez lo salvara el piloto al hacer un aterrizaje de emergencia falso, fue exiliado por Hitler. Se las arregló para llegar a Londres, donde fue confinado antes de que lo mandaran a Canadá. En 1942, los canadienses lo entregaron a Estados Unidos, donde, como prisionero valioso, el amigo medio estadunidense de Hitler, se le pidió (o más bien, se le ordenó) escribir un informe, que llegó a 68 páginas, que abarcaba todos los aspectos de la vida y el carácter del Führer. Un psicólogo del gobierno de Estados Unidos proporcionó una lista de control, la cual entre otros, incluía: religión, mujeres, arte, música, literatura, sexualidad y amistades. El personal de inteligencia militar estadunidense G-2 dio a la obra de Hanfstängl el nombre código "Proyecto S", donde la "S" representaba a Sedgwick, una de las conexiones familiares influyentes de Putzi. Deseaban saber los puntos fuertes de Hitler: su don para la oratoria, liderazgo, destrezas militares, y sus debilidades: "divide y vence", pobreza de la infancia, fobias antisemitas y anticomunistas, simpatías con lo oculto. Cuando se le mostró el informe al presidente Roosevelt el 3 de diciembre de 1942, lo bautizó: "la historia para la hora de dormir de Hitler".

El carisma de Hitler

TRAUDL JUNGLE, de veintidós años de edad en 1942, fue la más joven y la última de las secretarias de Hitler. Escribió en su libro, *Hasta la hora final*: "Es difícil recrear o imaginar el efecto mesmérico que Hitler tenía en cualquiera con quien se encontrara. Incluso las personas amargamente opuestas a él comentaban el poder que irradiaba, cómo se sentían atraídas sin poderse resistir a él incluso si esto las hacía sentirse atribuladas y culpables después. Este fenómeno está presente a menudo en hombres en extremo poderosos cuando deciden ejercer ese encanto, y el encanto, o incluso algo más peligroso, el carisma, más que una emanación del mal, era la característica más obvia de Hitler". Traudl Jungle sentía que cuando Hitler se alejaba de ella y sus colegas, "faltaba algún elemento esencial, incluso oxígeno, una conciencia de estar vivos... había un vacío".

Estalingrado: "De nuevo los viejos errores"

Los ejércitos soviéticos que rodeaban a Estalingrado se abrieron paso a través de las divisiones rumanas y Hitler hizo comentarios desdeñosos respecto a las cualidades de combate de sus aliados. Poco después, el 19 de noviembre de 1942, los soviéticos empezaron a aplastar también a las divisiones alemanas. Otra ofensiva soviética, en un movimiento de pinza, atrapó a los ejércitos alemanes alrededor de Estalingrado. Göring prometió solemnemente abastecer a las tropas alemanas en la zona rodeada por aire. Los generales de Hitler, Zeitzler y Keitel, trataron de persuadirlo que el Sexto Ejército bajo el mariscal de campo Friedrich Paulus debía luchar para abrirse paso a la libertad, es decir, la retirada, pero Hitler, que estaba en Berghof, simplemente no entendió la gravedad de la situación y dijo: "Nuestros generales están cometiendo sus viejos errores de nuevo. Siempre sobreestiman la fuerza de los rusos. De acuerdo a todos los informes de la línea del frente, el material humano del enemigo ya no es suficiente. Están debilitados. Han perdido demasiada sangre. Pero, por supuesto, nadie quiere aceptar esos informes. Además, qué mal entrenados están los oficiales rusos. ¡Sabemos lo que se requiere! A corto o a largo plazo los rusos tan sólo se detendrán. Se agotarán. Mientras tanto, debemos añadir unas cuantas divisiones nuevas… eso arreglará todo". Hitler había estado en lo correcto respecto al blitzkrieg de 1940 en Holanda y Francia y se había demostrado que sus dudosos generales estaban equivocados. Esta vez ellos tenían razón y él estaba equivocado. El 30 de enero de 1943, se rindió Paulus, con veinticuatro generales y 90,000 soldados alemanes sobrevivientes. Fue una catástrofe para el Tercer Reich.

Charlas de mesa de Hitler

EL 7 DE JULIO DE 1941, Hitler pidió a un oficial del partido, Heinrich Heim, que se sentara con discreción en un rincón y tomara notas breves de los monólogos del Führer. El registro mecanografiado se entregó luego a Martin Bormann, que leía completo el del día, haciendo comentarios, clarificando diversos puntos y luego ponía sus iniciales y lo archivaba. Desde el 11 de marzo de 1942 Hein fue reemplazado temporalmente por un periodo de cuatro meses por el doctor Henry Picker. En total, se registraron 328 "sesiones", la última fue del 29-30 de noviembre de 1944. Al final, se completaron 1,045 páginas mecanografiadas y se conservaron en la custodia personal de Bormann. De las dos copias que se hicieron al final, una se envió a los archivos del partido en Múnich, los cuales más adelante fueron destruidos por fuego, y la otra sobrevivió con Frau Bormann, y se les conocían como "Bormann: *Vermeke* [Notas]". Al final se entregaron a François Genoud, financiero suizo y patrocinador nazi. A pesar de un juicio contra Henry Picker, que autorizó una edición francesa, Genoud vendió los derechos del libro británico a Weidenfeld & Nicolson. Editado por Hugh Trevor-Roper, se publicó debidamente como libro en 1953 con el título: *Las charlas de mesa de Hitler*.

Stalin y Roosevelt dan al Führer una paliza en Rusia y África.

Carta blanca de Hitler

DIRIGIÉNDOSE AL REICHSTAG EL 26 de abril de 1942, Hitler pidió *carte blanche* total. "Sin embargo, espero una cosa: que la nación me dé el derecho a actuar de inmediato en cualquier forma que considere apropiada, siempre que no encuentre la obediencia que se necesita incondicionalmente para el servicio de la causa mayor. Esto es un asunto de vida o muerte para nosotros [aplausos fuertísimos]. En el frente y en casa, en el transporte, el servicio civil y el judicial debe haber obediencia a una sola idea, es decir la lucha por la victoria [aplausos fuertísimos]". Fue la última vez que el Reichstag se reuniría. Hitler era la ley.

Los pintores favoritos de Hitler

ALGUNOS DE LOS PINTORES FAVORITOS de Hitler eran:

Franz Stuck (1863-1928) que pintaba óleos eróticos con mujeres de pechos grandes, diablos grotescos, serpientes, enanos, con títulos como *Salomé, Sirena con arpa* y muchos otros.

Eduard Grützner (1846-1925), cuyas pinturas de monjes y mayordomos alegres fascinaban a Hitler. "Mira esos detalles, Grützner está muy subestimado. Es sólo que todavía no lo descubren [1933]. Algún día costará tanto como un Rembrandt". Hitler afirmaba tener la mayor colección de Grützner en Alemania.

Carl Spitzweg (1808-85) fue otro favorito, un pintor que se burlaba del pequeño pueblo de Múnich de su periodo. *El poeta, Nepal* y *Serenata*, estaban entre los treinta Spitzweg que poseía Hitler.

Adolf Zegler (1829-1959), Friedrich Stahl, Hans Thoma (1839-1924) y Wilhelm Leibl (1844-1900) eran pintores olvidados por largo tiempo redescubiertos y adquiridos en cantidades considerables por el Führer. Del comerciante Karl Haberstock compró un Rubens, un Watteau, un Canaletto, un Bordone, un van Dyck y un Boecklin.

Red de información de Hitler

INGLATERRA SIEMPRE se ha enorgullecido por el éxito del equipo ULTRA de Bletchley Park que "leía" con éxito evidente los códigos de radio Enigma de los alemanes. La recepción de información de Hitler era igual de asombrosa. Durante 1941, el embajador Walter Hewel registró 1,100 documentos diplomáticos diferentes enviados a su Führer para información y acción. En el primer trimestre de 1942 fueron 800 más. La principal fuente eran las intervenciones telefónicas de la FA (*Forschungsamt*: "Oficina de Investigación" de Himmler), pero la Oficina Postal Alemana ahora estaba descodificando el enlace radiotelefónico entre Londres y Washington. Entre las transcripciones se encontraban conversaciones de alto secreto entre Churchill y Roosevelt. Se leían los despachos de Stalin de Moscú a Yugoslavia y Turquía. Los telegramas estadunidenses del Cairo a Washington proporcionaban a Rommel planes claves de los Aliados, incluyendo los de una invasión prevista al noroeste de África. Los mensajes diplomáticos de los Aliados que salían con regularidad de Madrid y Lisboa se enviaban de vuelta a Hitler, incluyendo el plan de Mountbatten para un ataque anfibio a tierra firme francesa en Dieppe. Los historiadores británicos han subestimado las fuentes de información de Hitler después de detener a los espías alemanes en el Reino Unido en 1938-40.

Goebbels actuaba para tener su cena

Joseph Goebbels (1897-1945) se convirtió en un ferviente admirador de Hitler durante el juicio del putsch de Múnich. Goebbels era bajo, poco atractivo y estaba amargado por sus discapacidades: su lisiada pierna izquierda lo hizo no apto para el servicio militar. Era un graduado universitario, lo que era poco usual en los círculos de Hitler y escribía para el *Völkischer Beobachter*. Se volvió gauleiter de Berlín y en 1928, jefe de propaganda del Partido Nazi, e introdujo el saludo "¡Heil Hitler!" al partido y a la nación (siempre se mostraba desvergonzadamente servil con su Führer). Así, se volvió indispensable para Hitler. Goebbels fue el director de escena de los mítines de Núremberg y de todos los demás mítines militares nazis. Pronto, controlaba todas las películas, radio, teatro, música, pintura, baile y escultura en el Tercer Reich y en marzo de

1935 presentó el primer servicio regular de televisión del mundo, además de patrocinar un aparato de radio barato "del pueblo". Fue él quien dio las órdenes para la *Kristalnacht*, los disturbios antisemitas. También comprometió al renegado William Joyce, "lord Haw-Haw", para hacer programas de radio antibritánicos. Goebbels gozaba de un estilo de vida de lujos y también sostenía a su esposa, muchos hijos y diversas amantes.

Una noche a mediados de marzo de 1943, él y Speer cenaron con Hitler, quien tenía prendido fuego en la chimenea. Un ordenanza llevó una botella de vino y agua mineral Fachinger para Hitler. Speer observó cómo Goebbels sabía entretener. Hablaba con frases pulidas y brillantes, con ironía en el lugar correcto y admiración donde Hitler lo esperaba, con sentimentalismo cuando el momento y el tema lo requerían, con chismes y aventuras amorosas de sus amigas actrices. Mezclaba todo en una infusión maestra… películas, teatro, viejos tiempos, detalles de la familia y los niños Goebbels. Historias de sus juegos y sus declaraciones inocentes distraían a Hitler de sus deberes de estado; se fortalecía su autoconfianza y se halagaba su vanidad. Tal vez algo sorprendente es que Hitler correspondía exagerando los logros de su ministro de Propaganda: es seguro que Goebbels actuaba para tener su cena. Speer anotó, con un poco de amargura: "A los líderes del Tercer Reich les gustaba la alabanza mutua".

Hitler y las armas secretas (1)

Los científicos de Peenemünde, bajo el genio de Wernher von Braun, habían desarrollado una bomba voladora dirigida, una nave impulsada por cohete mucho más rápida que un avión a reacción, un misil cohete que se dirigía hacia un avión enemigo siguiendo la pista a los rayos de calor de sus motores, un torpedo que reaccionaba al sonido y podía perseguir a un barco que huía; y un misil tierra-aire para destruir los bombarderos de los Aliados. Pero Hitler estaba en un dilema. Tenía que tomar una decisión crucial ya que sólo tenía capacidad industrial para hacer uno de ellos. ¿Debía ser el A-4 (el V-2), un cohete de 14 metros de largo que pesaba 13 toneladas métricas y que podía hacer llover terror en Inglaterra? ¿O debían desarrollar el misil Cascada de 7.6 metros de largo, antiaéreo y controlado por radio, con una ojiva de 250 kilos, el cual podía alcanzar 15,000 metros y tenía, a la luz del día, la casi certeza de destruir un bombardero aliado? Hitler titubeó: 2,210 científicos e ingenieros trabajaban en Peenemünde en el V-2 y sólo 220 en Cascada. Londres y el sudeste de Inglaterra sobrevivieron a los V-2 y los bombarderos de los Aliados sobre Alemania sobrevivieron a los muy pocos Cascada.

La dieta de Hitler

El doctor Karl Brandt era el doctor favorito del Führer. Entre otros estaban los profesores Werner Ha-

ase y Hanskarl von Hasselbach. El doctor Theodor
Morell siempre estaba a la mano para ponerle inyec-
ciones de dextrosa, hormonas o vitaminas. El mal más
frecuente eran calambres estomacales inducidos por
nervios. En mayo de 1943, Brandt, por consejo del mariscal Antonescu, el líder nacional de Rumania, recomendó a una dietista vienesa, Frau Marlene von Exner,
que era atractiva, joven y bondadosa. Hitler la adoraba
y con ella recordaba sucesos felices de la vida en Viena.
Para Antonescu, ella sacaba caviar, ostras, mayonesa
y otras delicias, pero la estricta dieta de Hitler era un
problema. Un menú típico que le preparaba ella era
jugo de naranja con gachas de linaza, budín de arroz
con salsa de hierbas y pan tostado con crema de nuez
y cacahuate.

El Wolfsschanze

HITLER pasó más de 800 días y noches en su cuartel del
"Cubil del Lobo" en la frontera de Prusia del Este durante la Segunda Guerra Mundial. El enorme complejo
de búnkeres del cuartel general en Rastenberg era ex-
clusivamente una base militar. Casi cincuenta miembros del personal, incluyendo las cuatro secretarias de
Hitler vivían como ratas, el alimento era mediocre, el
aire estaba viciado y fétido, era elevada la humedad
en el verano y bestialmente frío en invierno. Los espe-
sos bosques de pino eran siniestros y claustrofóbicos y
los atormentadores mosquitos eran tan omnipresentes

que Hitler tenía que usar un casco protector especial, como apicultor, para protección.

El anciano agotado

Con casi cincuenta y cuatro años y bajo una inmensa presión después de las derrotas en el norte de África y en Rusia, en marzo de 1943, Hitler parecía ser "un anciano agotado… Miraba fijamente el espacio con ojos saltones, sus mejillas estaban manchadas y su columna estaba torcida por quifosis y una ligera escoliosis. Su brazo y pierna izquierdos se movían por nervios y arrastraba los pies. Se volvió cada vez más excitable, reaccionaba con violencia a las críticas y se aferraba obstinado a sus propias opiniones, sin importar lo absurdas que fueran. Hablaba en forma monótona y apagada, se repetía y le gustaba insistir sobre su infancia y los principios de su carrera". Sus médicos lo persuadieron para tratar de tomar un descanso de tres meses y, de hecho, pasó dos periodos de cinco semanas lejos de Wolfsschanze y Werfolf (cuartel ruso cerca de Vinnytsia, en Ucrania), de vuelta al retiro de Berghof.

"Quienquiera que gobierne Europa…"

Justo después de que Paulus entregara un ejército alemán en Estalingrado y mientras un desastre similar estaba teniendo lugar en el norte de África, Goebbels anotó en su diario el 8 de mayo de 1943: "El Führer expresa su inquebrantable convicción de que el Reich gobernará un día toda Europa. Vamos a tener que sobrevivir a una enorme cantidad de conflictos pero sin duda nos conducirán a los más gloriosos triunfos. Y de ahí en adelante el dominio del mundo está casi abierto ante nosotros. Ya que quienquiera que gobierne Europa podría apoderarse del liderazgo del mundo". El 24 de junio, Hitler dijo a sus compañeros de cena: "Me siento por igual en casa en cualquier parte del Reich y mi amor por todos los alemanes [85 millones de ellos] es igual, mientras no se extiendan contra los intereses del Reich, de los que soy el guardián. En este aspecto, me comporto como si estuviera en medio de mi familia".

"Muy pálido y excepcionalmente nervioso"

Theodor Morell (1890-1948), quien fue médico de Hitler por nueve años hasta 1944, al principio diagnosticó que el hipocondriaco Führer sufría de "agotamiento intestinal", lo cual se ganó a Hitler, el maniaco de la salud. Morell se especializaba en todo tipo de tratamientos extraños, como testículos de toro, pero también, y más peligroso, favorecía dar anfetaminas y analgésicos basados en el opio. Los tratamientos de Morell pudieron contribuir a la condición posterior de Hitler que parecía enfermedad de Parkinson. El domingo 18 de julio de 1943, Hitler planeó reunirse con Mussolini. De acuerdo a Morell: "el Führer había mandado por mí a las diez treinta a. m., dijo que tenía dolores de estómago muy violentos desde las tres a. m., y que no había dormido nada. Su abdomen está más duro que una tabla, lleno de gas, sin dolores de palpitación en otra parte. Se ve *muy* pálido y excepcionalmente nervioso: enfrenta una conferencia vital con el duce en Italia mañana. Diagnóstico: *estreñimiento espástico* causado por exceso de trabajo en los últimos días... tres días casi sin dormir, una conferencia tras otra y trabajar hasta avanzada la noche. La noche pasada comió queso blanco y rollos (*Rolladen*) de espinacas y chícharos".

"Como no puede escabullirse de algunas conferencias y decisiones importantes antes de su partida a las tres treinta p. m., no se pueden dar narcóticos; sólo le puedo poner una inyección intravenosa de una ampolla de Eupaverin [un relajante muscular], algo de masaje suave al estómago, dos píldoras de Euflat [para acidez estomacal y molestias estomacales o intestinales] y tres cucharadas de aceite de oliva. La noche pasada tomó cinco píldoras Leo [un laxante]. Antes de marcharse al aeropuerto le puse una inyección intramuscular de una ampolla de Eukodal [analgésico con base de morfina]. Se veía muy mal y bastante mareado".

Los movimientos secretos de paz germano-rusos

Los Aliados estaban ansiosos de mantener a Stalin luchando con los ejércitos de "Barbarossa" de Hitler, ya que las pérdidas rusas habían sido catastróficas. Stalin estaba igual de preocupado en caso de que los Aliados de Occidente negociaran una paz con Hitler. Astuto y taimado, Stalin jugó al gato y al ratón durante todo 1943 con Churchill y Roosevelt. En el mismo periodo, Ribbentrop deseaba mediar una paz con los rusos. En junio, de acuerdo a Basil Liddell Hart, se reunió con el ministro soviético del Exterior, Molotov, en Kirovogrado, dentro de las líneas alemanas, y otros intermediarios alemanes se reunieron con Alexandrov, un oficial soviético de alto nivel. Cuando Hitler se enteró de estas conversaciones, las desechó como "provocación judía". Después de la enorme batalla de tanques en Kursk, que agotó a los alemanes, con permiso de Hitler, se alentó de nuevo a los intermediarios, Peter Kleist y Edgar Klauss. El punto difícil parecía ser el acuerdo sobre las fronteras. Vladimir Dekanozov, antiguo embajador soviético y ahora subministro del Extranjero, tuvo conversaciones en septiembre con Kleist en Estocolmo. El diario de Ribbentrop recordaba: "Esta vez Hitler no fue tan obstinado como en el pasado. Caminó hacia un mapa y dibujó una línea de demarcación en que se podría comprometer con los rusos". Mussolini, ahora un refugiado, después de que lo rescataran del cautiverio con los Aliados en noviembre, a instigación de Hitler, arribó en ese momento al cuartel de Hitler. Hitler contó al duce que deseaba llegar a un arreglo con Rusia, pero entonces le dijo a Ribbentrop: "Sabes que si me arreglo con Rusia hoy, sólo llegaría a los golpes con ella mañana… no puedo evitarlo". Stalin, de hecho, hablaba muy en serio. Cuando en mayo de 1943 Churchill y Roosevelt pospusieron la invasión de Europa por un año, se sabe que el líder soviético estaba absolutamente furioso. Reveló la reunión de Klauss-Kleist en la Conferencia de Teherán en noviembre, para avergonzar a los Aliados.

¡Prost!

SE ENTREGÓ una botella de *Führerwein* tinto, con una etiqueta que mostraba a Hitler vestido con elegancia de traje y corbata, a los generales nazis de alto rango en 1943 para conmemorar el cumpleaños cincuenta y cuatro del Führer. La etiqueta separada del cuello para la Schwarzer Tafelwein de 12 grados de fuerza alcohólica mostraba un águila sobre la swástica nazi.

Los tratados rotos

EL GAULEITER ERICH KOCH de Prusia del Este, amigo de Göring y *no* amigo de Ribbentrop, regaló al segundo, después de su exitosa visita a Moscú en agosto de 1939, un hermoso cofre de ámbar. Se le dio al "más grande ministro del Exterior europeo desde Bismarck" (de acuerdo a Hitler), como algo en lo cual conservar *todos* los tratados que él (Ribbentrop) había firmado a nombre de Hitler.

El Pacto Nazi-Soviético fue el dieciocho, de los que diecisiete se rompieron a la larga. El único que no se rompió fue el Acuerdo Internacional de la Azúcar… y ése se había suspendido al iniciar la guerra en 1939. En el cumpleaños cincuenta de Ribbentrop en 1943, se le dio otro cofre opulento adornado con piedras semipreciosas. Estaba vacío. Hitler se moría de risa.

Envenenamiento con estricnina

HITLER tenía varios doctores, entre ellos Brandt, Morell y Giesing. Morell se había especializado desde 1931 en enfermedades del sistema urinario y enfermedades venéreas. Trató el meteorismo (gas en el abdomen) de Hitler con las píldoras antigás del doctor Koster, a veces hasta dieciséis en un día. Hicieron poco bien y en 1944 el doctor Giesing descubrió que estas píldoras contenían casi la cantidad máxima de estricnina... se estaba envenenando sistemáticamente al Führer. Pero la reacción perversa de Hitler fue correr a Giesing y continuar con Morell, que según todas las historias, era un charlatán.

Nuestra mujer delgada de piernas largas

A PRINCIPIOS DE 1944 quedó claro a Hitler que Alemania tendría que reclutar a más de 4 millones de trabajadores *nuevos* para las inmensas demandas de manufactura de armamentos, municiones, submarinos, aviones, tanques y cohetes. Una conferencia importante tuvo lugar el 4 de enero con Keitel, Speer, Milch, Herbert Backe (el ministro de Agricultura) y con Himmler y Fritz Sauckel (el jefe supremo de la mano de obra). No se podía emplear el trabajo forzado italiano ya que se habían formado cuatro nuevas divisiones italianas con los prisioneros de guerra tomados por Alemania después de la rendición de Italia a los Aliados en 1943. Hitler estaba muy renuente a emplear trabajadoras. "Nuestras mujeres delgadas de piernas largas" no se pueden comparar con las "mujeres rusas primitivas, chaparras y fornidas". Después de cuatro años de guerra total, el lugar de las fraus y las frauleins no estaba en las ruidosas fábricas. El hecho de que Inglaterra, Estados Unidos y Rusia emplearan a millones de mujeres en las fábricas o en la tierra no tenía peso en absoluto para los puntos de vista románticos de Hitler.

Speer, el técnico puro

El periódico británico *The Observer* del 9 de abril de 1944 presentaba un artículo sobre Speer, que él, con bastante valor, mostró a Hitler. Parte del artículo decía:

> En cierto sentido, Speer es más importante para Alemania en la actualidad que Hitler, Himmler, Göring, Goebbels o los generales. Todos ellos se han convertido, de alguna manera, en simples auxiliares del hombre que en realidad dirige la gigantesca máquina de poder... Speer no es uno de los nazis exuberantes y pintorescos... Él representa mucho menos de nada particularmente alemán o nazi que los otros líderes alemanes... Es el técnico puro, el joven brillante sin clase y

sin antecedentes... [y] ésta es su era; nos podemos deshacer de los Hitler y los Himmler, pero
de los Speer, suceda lo que suceda a este hombre
especial en particular, estará mucho tiempo con
nosotros.

Hitler bien podría haber explotado en una rabieta y
enviado a Speer a un campo de concentración o algo
peor. Leyó el largo artículo con cuidado y se lo devol-
vió a Speer sin una palabra, pero con respeto.

La fiesta de cumpleaños poco común

El cumpleaños cincuenta y cinco de Hitler, el 20 de
abril de 1944, se celebró en Berghof con champaña y
una *Geburtstagstisch* (mesa de cumpleaños) cubierta de
regalos. Hubo varios sucesos poco comunes. Blondi,
el amado perro de Hitler, cantó con su dueño... Hitler aulló, el perro aulló y el dueto duró gran parte de
la noche. Por lo general abstemio por completo, Hitler tomó un vino blanco muy duce. Entre las veintenas
de presentes para el Führer había pasteles, chocolates,
frutas y varios otros productos de comida, que fueron
destruidos todos por órdenes de Hitler en caso de que
hubieran sido envenenados. Ya no confiaba más en la
Hausfrauen alemana que lo había adorado tanto por
quince años.

Medallas en abundancia

Las dictaduras militares adoran las medallas y las condecoraciones y el Tercer Reich no fue la excepción. Durante los años en el poder de Hitler, 1933-45, se crearon más 450 condecoraciones políticas y civiles, muchas basadas en sus predecesores de Weimar e imperiales. En 1939, Hitler restituyó la Cruz de Hierro para el valor con una Primera Clase, la Cruz de Caballero (*Ritterkreuz*), con hojas de roble, con hojas de roble y espadas, con hojas de roble, espadas y diamantes, y por último con hojas de roble de oro. Göring se aseguró de recibir toda posible condecoración, incluyendo medallas italianas. Hitler le dio, sólo a él, una Gran Cruz de la Cruz de Hierro.

Entre los premios políticos y civiles estaba la Orden de la Sangre para los participantes originales del putsch de Múnich, el Escudo de Águila de Alemania para el logro intelectual y el Distintivo del Día del Partido de Nuremberg de 1929. Hitler a veces usaba su Gran Cruz de Hierro de la Guerra, que se le había concedido como mensajero y corredor de regimiento.

La estrella de la suerte de Hitler

A finales de junio de 1944, el Tercer Reich estaba perdiendo la guerra en tres frentes, ante los rusos en el este y ante los Aliados en Normandía, mientras que la Luftwaffe había sido barrida de los cielos. Hitler mostró nervios firmes y una sorprendente capacidad de perseverancia. Speer pensó que el "tiempo de lucha", el *Kampfzeit*, con sus muchos reveces, había fortalecido su voluntad de continuar la batalla. A pesar de su rápido envejecimiento y su enfermedad constante (a pesar del tratamiento del doctor Morell), por autosugestión Hitler se forzó a creer en la victoria final. Tal vez sus nuevas y despiadadas armas V resolvieran el problema; tal vez los Aliados discutieran entre ellos. Aunque Hitler comprendía con sobriedad los rigurosos hechos militares, Speer escribió que "no se podía hacer flaquear al Führer en su expectativa de que en el último minuto el Destino de repente cambiaría de sentido en su favor. Si había alguna demencia fundamental en Hitler, era esta creencia inquebrantable en su estrella de la suerte".

Hitler y las armas secretas (2)

El arma secreta potencialmente más valiosa que desarrolló Willy Messerschmitt en la planta de Augsburgo fue el caza Me-262 (llamado el *Schwalbe*, "Golondrina"), con dos motores *a reacción*, una velocidad de más de 800 kilómetros por hora y una capacidad de combate superior a la de los cazas de los Aliados. El Me-262 fue el primer caza a reacción totalmente operativo, muy por delante del Gloster Meteor.

Hitler, un soldado de infantería de la Gran Guerra, no pudo ver su potencial hasta que en enero de 1944 leyó un artículo sobre el éxito británico en construir motores a reacción. Por lo tanto, con el acuerdo de

"CASA DE CARTAS"

Las conquistas europeas de Hitler contraatacan.

Speer, ordenó al mariscal de campo Milch aumentar la producción del Me-262 secreto, el cual podría ayudar a destruir a los bombarderos estadunidenses y británicos. Pero él lo había entendido mal… pensaba que el 262 se estaba desarrollando como bombardero y Milch tuvo que decirle que no era así, ya muy avanzado su desarrollo. Speer, Jodl, Guderian, Model, Dietrich, además de Milch y todos los generales de la Luftwaffe, se mostraron firmes en que el Me-262 era una espléndida nave de combate, no un bombardero. Pero Hitler pensó que sabía más e insistió en que se le convirtiera en un bombardero de combate… de manera que se preparó a la carrera un sistema que le permitiera transportar dos bombas de 250 kilos. Como nave aérea, le faltaba poder, su diseño de avión superaba con mucho al desarrollo de sus motores. Aunque rápida, no era una plataforma para armas muy estable y era, como todos los aviones a reacción de turbina antes del desarrollo del dispositivo de postcombustión, muy lento para acelerar, con una carrera de despegue muy larga. Al final, se tuvieron que desplegar baterías de fuego antiaéreo y cazas convencionales (es decir, con motor de pistones) para proteger a los 262 durante el despegue. Los motores tendían a prender fuego a las pistas de asfalto, de manera que las naves aéreas debían restringirse a campos aéreos con pistas de concreto. En general, los 262 no estaban bastante desarrollados; fueron muy pocos los aviones que funcionaban y eran difíciles de volar, incluso para pilotos con mucha experiencia, mientras que los problemas logísticos de suministro y servicio de las naves demostraron ser casi insuperables. Además, entró en servicio demasiado tarde… los Aliados ya habían invadido Europa y por lo tanto, lograron un dominio casi total del aire.

El complot de la bomba y *Blutrache*

El coronel Claus Philipp Maria Schenk, Graf (conde) von Stauffenberg (1907-44), un valiente soldado que había recibido heridas graves en Túnez, donde perdió una mano, fue nombrado jefe del Estado Mayor del coronel general Fritz Fromm. Esto le presentó una oportunidad de oro, ya que aunque era miembro del Círculo Kreisau, también era líder de una vasta conspiración para asesinar al "Amo de Alimañas en el Tercer Reich", es decir, Hitler, y formar un gobierno nuevo. A las 12:10 p. m. del 20 de julio de 1944, Stauffenberg, asistiendo a la conferencia diaria del Führer en Wolfsschanze, colocó con cuidado un maletín que contenía una bomba de tiempo bajo la mesa cerca de Hitler y luego dejó la habitación para hacer una llamada telefónica. Por desgracia, es probable que otro oficial entonces moviera el maletín al otro lado de una sólida mesa de roble. Stauffenberg esperó fuera hasta las 12:42, el momento en que explotó la bomba. Se produjeron varias víctimas, incluyendo cuatro muertes, pero Hitler sobrevivió, con el uniforme en jirones, con los tímpanos rotos y laceraciones en el brazo derecho, las piernas, las manos y la cara. Esta tarde Mussolini y el mariscal Graziani llegaron para una reunión programada. Göring, Himmler, Ribbentrop y el almirante Dönitz asistieron y comenzó la cacería de brujas, con Goebbels y Himmler capturando, mediante la temida Gestapo, a cualquiera que se pensara que pudiera estar involucrado. Himmler llamó a esta operación *Blutrache* ("venganza de sangre"). Se hicieron más de 7,000 arrestos y la Gestapo empleó torturas diabólicas para obtener nombres y más nombres. Con el paso del tiempo, se ejecutaron casi 5,000 almas (las narraciones varían respecto al número exacto); los arrestos y las ejecuciones continuaron hasta el final de la era nazi, donde muchos fueron arrestados y ejecutados inventados, entre ellos Graf von Moltke. Mataron a Stauffenberg y a los principales conspiradores, la mayor parte a unas horas de la explosión de la bomba, y para muchas de las otras ejecuciones, Goebbels envió camarógrafos para filmarlos teniendo lugar. El famoso mariscal de campo se suicidó. Hitler, Dönitz y Göring se dirigieron a la nación por la radio. Hitler dijo: "Fue un crimen sin paralelo en la historia de Alemania… Se me perdonó un destino que no me aterroriza, pero que tendría consecuencias terribles para el pueblo alemán. Considero esto una señal de que debo continuar con la tarea que me ha impuesto la Providencia".

Eva y Adolfo

Después del complot de asesinato con bomba de Stauffenberg, Eva Braun escribió a Hitler en julio de 1944: "Justo después de nuestro mismo primer encuentro me prometí que te seguiría a todas partes, incluso a la muerte. Sabes que vivo sólo por el amor que te pueda dar". Hitler le regaló un iibro de poesía de Ludwig Thoma titulado *Josef Filsers gesamelter Briefwexel*. Le escribió: "Meine liebe, Eva herzlichst Adolfo Hitler, Berlín, 19 de ejero de 1940". Que se traduce como: "Mi querida Eva. Un regalo de amor desde el corazón". Antes de su suicidio en el búnker de Berlín en mayo de 1945, Eva hizo varios legados de sus bienes terrenales, y este libro se entregó a su amiga Helga Schneider. Ahora está valorado en alrededor de 100,000 libras esterlinas.

Sippenhaft

Heinrich Himmler, el atroz secuaz de Hitler, fue uno de los hombres más poderosos de la Alemania Nazi. Tenía un control físico casi total sobre Alemania y los territorios ocupados: sus SS y Gestapo eran temidas casi en toda Europa por su salvajismo y brutalidad. Fue Himmler quien llevó a cabo la "Solución Final" por instrucciones de su Führer. La palabra "reasentamiento" era un eufemismo para exterminio. Inspeccionó algunos de los campos de concentración y fue responsable de planear los métodos de asesinato, como las camionetas móviles de gas. Se dice que cuando estaba presente en una matanza en masa de judíos, para su gran desagrado, su abrigo quedó salpicado con materia del cerebro; como resultado, pensó que se debía emplear un método "más higiénico" para matar... esto condujo a las cámaras de gas.

Los muchos campos de concentración y exterminio estaban bajo su control, dirigidos por los *Totenkopfverbände* (la rama de la Cabeza de la Muerte de las SS). Sus grupos de acción especial *Einsatzgruppen* de las SS, cuatro unidades, cada una con tres mil hombres, asesinaron a alrededor de tres cuartos de millón de judíos y comisarios políticos rusos en Rusia. Después de que fallara el complot de la bomba de Staffenberg en julio de 1944, Himmler reintrodujo la costumbre medieval del *sippenhalf* o "sangre culpable", con el que la traición se consideraba una manifestación de sangre enferma y, así, se debían exterminar las familias *completas* de los sospechosos de asesinos o traidores.

El 22 de mayo de 1945, Himmler, un fugitivo, fue arrestado por un soldado británico en el área divisional de este autor cerca de Flensberg en Schleswig-Holstein; al día siguiente, antes de que lo pudieran interrogar, utilizó una píldora de cianuro para escapar del verdugo.

Investigación nuclear, Etapa 4

EL PRINCIPIO DE HITLER de esparcir la responsabilidad significó que los equipos de investigación científica en el Tercer Reich estaban divididos y a menudo en conflicto unos con otros. De acuerdo al "periódico oficial" del 17 de agosto de 1944, no sólo las tres ramas de las fuerzas armadas, sino también las SS e incluso el sistema postal tenían instalaciones de investigación *separadas*. Así, el progreso sobre el desarrollo de la fisión nuclear fue insignificante. En Estados Unidos todos los físicos atómicos estaban agrupados en una organización. Speer, el ministro de Armamentos, tenía 2,200 puntos y temas registrados en sus conferencias con Hitler. La fisión nuclear se presentó una vez: el Protocolo del Führer del 23 de junio de 1942, Punto 15. Por supuesto, era muy poco probable que el soldado de la Gran Guerra deseara comprender el horrible potencial que condujo a Hiroshima.

Una taberna en la ciudad

Alois Hitler, hermanastro del dictador nazi de Alemania, dirigía una cantina en la gran plaza de Wittenbergerplatz, en Berlín. Se le recordaba como "un tipo bastante inofensivo, que se había vuelto corpulento por la buena cerveza, cuyo temor principal era que su hermanastro tuviera una rabieta y le ordenara cerrar el negocio, ya que al Führer no le gustaba que hubiera gente que recordara los orígenes de clase media baja de la familia Hitler". Al ser abstemio, era poco probable que el Führer aprobara una taberna en la familia.

Los tesoros de Eva

Según sus estándares, Hitler era muy generoso con Eva Braun. Al principio, le compró su joyería de precio medio y en 1932, tres años después de conocerla en el estudio del fotógrafo Hofmann, un apartamento en Wiedenmayer Strasse, en Múnich. Para su cumpleaños veintiuno, le dio un conjunto a juego de anillo, aretes y brazalete de turmalina. Siguió siendo la joyería preferida de ella. Luego él compró una casa en Múnich para Eva y su hermana Gretl en el 12 de Wasserburgstrasse, y en marzo de 1936, un auto Mercedes y chofer. Pronto, Eva estaba comprando zapatos italia-

nos hechos a mano, vestidos de Fraülein Helse, couturier de Berlín, ropa interior de seda de París y equipos
deportivos de Viena. Hitler también era generoso con
Gretl y le dio a Fritz, el padre de Eva, un reloj de oro
y un perro en su cumpleaños sesenta y cinco. En su
testamento, de fecha 24 de octubre de 1944, Eva hizo
una lista de cincuenta piezas de joyería, muchas conte-
niendo esmeraldas, diamantes, rubíes, berilios, zafiros
y oro, y una docena de abrigos de pieles, incluyendo
uno de marta y otro de visón.

"Wacht am Rhein" de Hitler

Hacia finales de noviembre de 1944, Hitler dejó en
claro a sus principales secuaces que "Wacht am Rhein",
el nombre código para el gran contraataque de diciembre en las Ardenas, era su último esfuerzo. Le dijo a
Speer: "Éste será el gran golpe que debe tener éxito. Si
no tiene éxito, no veo ya ninguna posibilidad de que la
guerra termine bien… Pero lo superaremos. ¡Un solo
gran paso adelante en el Frente Occidental! ¡Ya lo verás! Llevará al colapso y al pánico a los estadidunidens-
es. Avanzaremos por en medio de ellos y tomaremos
Amberes. Entonces habrán perdido su puesto de abas-
tecimiento. Y rodeará a todo el ejército inglés una enorme zona aislada, con cientos de miles de prisioneros.
¡Como solíamos hacer en Rusia!".

En secreto, tres enormes ejércitos, dos de ellos de las
SS, desataron un terrible ataque a mediados de diciem-

bre. Neblina, bruma y nieve mantuvieron en tierra las fuerzas aéreas de los Aliados. Los combates salvajes entre los desorganizados estadunidenses y los ejércitos de Hitler alrededor de St Vith y Bastogne duraron hasta finales de enero de 1945. El general estadunidense Patton escribió en su diario: "Todavía podemos perder esta guerra" y Churchill se vio obligado a pedir a José Stalin en Moscú que adelantara su ofensiva de primavera. Fue una situación crítica. Hitler había planeado y organizado una enorme ofensiva secreta, conocida para los aliados como la "Batalla de las Ardenas"... que ni siquiera la operación ULTRA de Bletchley Park pudo detectar.

Euforia permanente

La víspera de año nuevo de 1944, Hitler y su séquito de ayudantes, doctores, secretarios y Bormann, por supuesto, bebían champaña. El cuartel general de occidente de Hitler, del que había estado dirigiendo la ofensiva de las Ardenas, era una serie de búnkeres, camuflados como fortines, ocultos en bosques al final del valle lleno de pasto cerca de Bad Nauheim, justo al norte de Ziegenberg. La audaz ofensiva de las Ardenas para apoderarse de Amberes estaba fallando con claridad. Pero Hitler, como es normal, estaba haciendo predicciones optimistas para el Año Nuevo. "Al final tendremos la victoria", declaró a su círculo, que recibió esas profecías en silencio. El alcohol había relajado a todos pero la atmósfera estaba muy apagada. Hitler era el único que parecía estar bebido sin haber tomado bebida alcohólica alguna; Albert Speer escribió que estaba atrapado por una euforia permanente.

¿Bombas atómicas contra Inglaterra?

Hitler a veces comentaba las posibilidades de la fisión nuclear. No estaba feliz con la posibilidad de que el Tercer Reich se pudiera transformar en una estrella brillante y bromeaba que los científicos en su impulso por descubrir todos los secretos bajo el Cielo pudieran un día prender fuego al globo. Pero tenía confianza en que con seguridad no estaría vivo para verlo. Speer estaba seguro que Hitler no hubiera dudado ni un momento en emplear bombas atómicas contra Inglaterra.

La historia nuclear: Algo casi terminado

Dresde fue atacada y quemada entre el 13 y el 15 de febrero de 1945 por la RAF y la Fuerza Aérea de Estados Unidos. Hitler estaba fuera de sí por la furia y habló con el doctor Giesing en la Cancillería de Berlín. "Voy a empezar a utilizar mi arma de la Victoria [Segwaffe] y luego la guerra llegará a un fin glorioso. Hace algún tiempo resolvimos el problema de la fisión nuclear y la hemos desarrollado tanto que podemos explotar la energía para fines de armamentos [*Rüstungszwecke*]. ¡Ni siquiera sabrán qué los golpeó! Es el arma del futuro. Con ella, ¡el futuro de Alemania está garantizado!"

Albert Speer había visitado las obras de armamentos de Krupp y se le mostraron partes del primer ciclotrón de Alemania. Y en Heidelberg, en el verano de 1944, el profesor Walter Bothe le mostró "nuestro primer ciclotrón dividiendo un núcleo atómico". El profesor Walther Gerlach era el jefe de la investigación nuclear del Reich que trataba de finalizar el trabajo de investigación realizado por los profesores Werner Heisenberg y Carl Friedrich von Weizäcker. Habían comenzado en 1939 y estaban desarrollando una pila atómica experimental en Haigererloch. Así que la fanfarronería de Hitler, diez semanas antes del final del Tercer Reich... era del todo válida.

Federico el Grande: Héroe de Hitler

En 1934, Hitler compró una pintura al óleo de Federico el Grande de Antón Graff, por 34,000 marcos... una suma enorme. Viajaba con él a todas partes. Su *Chefpilot* Hans Bauer se aseguraba de que envuelta en una caja de embalaje voluminosa especial, manejada con cuidado, viajaba en el avión del Führer con prioridad sobre otros pasajeros. Rochus Misch, un operador de radio en el búnker de Hitler, recordó: "Muy tarde una noche fui al estudio. Ahí estaba Der Chef observando la pintura a la luz de las velas, sentado ahí inmóvil, su mentón enterrado en su mano, como si estuviera en trance. Hitler estaba observando al rey [Federico]. El rey parecía estar devolviéndole la mirada... fue como encontrar a alguien que está orando". En *Las conversaciones privadas de Hitler*, se menciona con admiración a Federico II de Prusia veintidós veces. "Cuando uno reflexiona que Federico el Grande se sostuvo contra fuerzas doce veces más grandes que la suya se tiene la impresión: '¡Qué gran individuo debió ser!'".

Poco antes de su suicidio en el búnker, Hitler dio la pintura a Bauer como regalo de despedida.

Alemania: "una tierra baldía"

EN LOS ÚLTIMOS MESES de la cuenta regresiva a *Götterdämmerung*, el término aplicado con mucha frecuencia al final del Tercer Reich, Hitler lanzó varios decretos (el primero fue el 19 de marzo) ordenando una política de "tierra quemada": la destrucción de fábricas, puentes, estaciones de radio, vías de ferrocarril, esclusas de canales, locomotoras, vagones de pasajeros, vagones de carga y barcazas. Se bloquearían ríos y canales hundiendo barcos en ellos. Se emplearía todo tipo de explosivo y munición. El último decreto, fechado 29 de marzo de 1945, decía: "La meta es la creación de una tierra baldía de transportación en territorio abandonado [entregado]". Hitler había ordenado antes a los comandantes de todas las fortalezas de los puertos del Canal (los puertos de Brest, San Malo, Cherburgo, Calais, Boulogne, El Havre, Ostende, Zeebrugge y Escalda) asegurar la destrucción total de estos puertos en la rendición. Esto se había hecho, pero la destrucción había sido fuera de Alemania. Ahora Hitler ordenó que sucediera lo mismo en su propio país, en la Operación Nerón. Sólo fue por la constante intervención de Albert Speer, arriesgando su cuello en el proceso, que el edicto de Hitler se suavizó y, en la mayoría de los casos, se ignoró. Speer pronunció un discurso largo y brillante en la radio el 16 de abril, lo que sin duda impidió mayor daño a la infraestructura de Alemania.

¿El milagro de Hitler?

EL 12 DE ABRIL DE 1945, murió el presidente estadunidense Roosevelt, arquitecto de la victoria de los Aliados junto con Winston Churchill y José Stalin. Goebbels, al escuchar a las agencias estadunidenses de noticias, fue el primero en escucharlo y telefoneó a Hitler lleno de emoción. En el búnker del mando en Berlín un encantado Adolfo Hitler, con considerable animación, lo gritó a su séquito (Bormann, Ley, Schaub y otros ayudantes y ordenanzas). Algunos se mantuvieron dudosos hasta que Hitler recibió el informa de la agencia de noticias. Levantó el artículo. "Aquí está, ¡léanlo! Nunca quisieron creerlo. ¡Aquí tenemos el milagro que siempre predije! ¿Quién tenía razón? No está perdida la guerra. ¡Léanlo! ¡Roosevelt está muerto!".

Goebbels y otros secuaces estaban rebosantes de alegría. Su Führer estaba convencido que la marea cambiaría. La historia se estaba repitiendo. El derrotado y sin esperanzas Federico el Grande había ganado una batalla de último minuto; se había otorgado a la Casa de Brandemburgo un milagro de último minuto. Innumerables fantasías florecieron en el búnker cuando el grupo de los derrotados líderes nazis se aferraba a un clavo ardiendo. Tal vez Truman, el nuevo presidente estadunidense, ondearía la varita mágica de una paz honorable.

Unas semanas después, las hordas rusas de Stalin aplastaron Berlín. No hubo milagro.

La isla de los desesperados

En las últimas semanas de su vida en el búnker de Berlín, Hitler daba la impresión de un hombre cuyo propósito en la vida había sido destruido. Se estaba marchitando como un anciano. Le temblaban las extremidades y era ilegible su firma en documentos y decretos. Caminaba encorvado y arrastrando los pies. Le temblaba la voz. Había desaparecido el antiguo Hitler imperioso. Speer recordó que sus rabietas ya no eran infantiles sino las de un anciano. Su tez era amarillenta, su cara estaba hinchada. Su uniforme, que siempre había estado escrupulosamente limpio y ordenado, ahora estaba sucio y manchado de comida. Estaba apagado y parecía senil. Sus tres compinches hacia el final eran los fieles Martin Bormann, Goebbels y Robert Ley. Todavía sentía un conmovedor afecto por las secretarias que lo habían servido por largo tiempo, Frau Wolf y Frau Schröder, y también por Traudl Jungle, la viuda de un oficial de las SS que había muerto en combate en 1944. El 22 de abril, ordenó a muchos miembros de su círculo interno y de su personal dejar el búnker, incluyendo a Frau Schröder, a Frau Wolf y al doctor Morell. Eva Braun había decidido estar con su hombre hasta el final. Y Goebbels había declarado: "Mi esposa y mis hijos no me van a sobrevivir. Los estadunidenses sólo los enseñarían a hace propaganda en mi contra". La disciplina en el séquito de Hitler había desaparecido y era como una tumba el búnker de concreto, aislado de las atroces tragedias mientras los rusos aplastaban todo en su camino a Berlín. En palabras de Speer, el mundo irreal del búnker de Hitler era la "Isla de los difuntos".

Carta desde el búnker

El 23 de abril de 1945, Hitler admitió a Ribbentrop que la guerra estaba perdida y le dictó cuatro puntos de negociación secreta para presentar a los británicos. Si el continente europeo iba a sobrevivir al dominio bolchevique, entonces Alemania e Inglaterra "debían enterrar el hacha". Ordenó a Ribbentrop escribir de inmediato y en secreto a Churchill. "Ya lo verás. Mi espíritu se levantará de la tumba. Un día la gente verá que yo tenía razón". Esta carta a Churchill se hizo circular como memorándum en el gabinete británico. Churchill también envió la carta a Stalin el 12 de julio de 1945, diciendo: "Es en extremo larga y tediosa". Hitler le había dicho a Ribbentrop: "Llegué de hecho al poder diez años demasiado pronto. Otros diez años y hubiera amasado al partido hasta darle forma". En su última discusión, el Führer, con mucha calma, declaró que nunca había deseado que le ocurriera ningún daño a Inglaterra. El gran apretón de manos con la Inglaterra "Germánica"… que siempre había sido su meta.

Pastel de chocolate y cachorros

EN LOS ÚLTIMOS DÍAS en el búnker, Hitler dio órdenes a las tropas tratando de defender a Berlín, rara vez permitiendo cualquier retirada. Nombró oficiales, destituyó a otros, hizo que fusilaran a algunos. Fue un mundo de sueño mientras las bombas rusas caían con gran estruendo. El Führer comía inmensas cantidades de pastel de chocolate y jugaba con Blondi y sus cinco cachorros que vivían en uno de los baños del búnker. Es casi seguro, a juzgar por los cambios de estado de ánimo de Hitler, que su médico, Morell, que tal vez él mismo era adicto a la morfina, haya estado inyectando a su Führer morfina (y dejó una provisión cuando partió del búnker). Mientras tanto, Eva Braun fantaseaba con ser la estrella en una película basada en su vida.

La despedida de Speer

ALBERT SPEER decidió ver a Hitler una última vez en el búnker de Berlín cuando los soviéticos llegaron a las afueras. Con la ciudad bajo ataques soviéticos constantes, su avión aterrizó cerca del puente de Brandemburgo. "¿Iba a ser ése el final de nuestros muchos años [doce] de asociación? Por muchos días, mes tras mes, nos habíamos sentado juntos ante nuestros planes [arquitectónicos] compartidos, casi como compañeros de trabajo y amigos. Por muchos años él había recibido a mi familia y a mí en Obersalzberg y se había mostrado un anfitrión cordial, a menudo atento". Speer tenía un vínculo emocional con su Führer, que lo había ascendido a los niveles más elevados de autoridad en el Reich. Bormann y el ayudante de campo Schaub recibieron a Speer. Querían que aconsejara a Hitler salir de Berlín, volar a Berchtesgaden y tomar el mando en el sur de Alemania y, de hecho, Hitler le pidió a Speer consejo en dos temas clave. La primera pregunta era si debía quedarse en Berlín o irse. Speer contestó: "Termine su vida aquí en la capital como Führer". La segunda pregunta, que fue sorprendente, fue quién debía ser el sucesor de Hitler. Speer pensaba que el almirante Dönitz era infinitamente superior a Herman Göring, el Führer delegado, o a Goebbels o Martin Bormann, y aconsejó a Hitler que el almirante era su mejor opción. En cualquier caso, Bormann de inmediato saboteó el derecho de Göring y tanto Goebbels como Himmler se suicidarían. El almirante fue el presidente del Reich por tres semanas en Flensberg y se apodó al gobierno "el gobierno de opereta".

"Mariscal de viaje" de Hitler

Julius Schaub fue el sirviente personal de Hitler y parte del círculo social de Osteria Bavaria. Negoció "honorarios" para Hitler en las reuniones y mítines del NSDAP. Los "honorarios" se pagaban como "gastos". Se describió a Schaub como "ayudante de campo en jefe" y poco después de que su señor llegara al poder, tomó la responsabilidad de los asuntos de impuestos de Hitler, todos los arreglos para viajes y todas las necesidades monetarias cotidianas. Por último, Schaub protegía los papeles privados de Hitler. Después de estar cautivo en la prisión de Landsberg con su señor, Schaub fue un sirviente dedicado y leal que al final hicieron coronel general de las SS (Obergruppenführer) y ADC ante el Führer. Tomó parte en la "purga de sangre" de la SA junto con Hitler y también como su guardaespaldas, chofer y ayuda de cámara por más de veinte años, servicios recompensados con un legado en el testamento de Hitler de 1938. El círculo de Hitler apodaba a Schaub *Reisemarschall*, donde *Reise* significa "viaje". Al final, justo antes del suicidio de Hitler en el búnker, Schaub destruyó la mayor parte de los papeles personales de Hitler, o todos, en el jardín de la Cancillería. Él mismo dejó el búnker en la noche del 25-6 de abril y lo enviaron a Berghof a destruir el resto de los papeles de su señor. Llegó ahí borracho, para entregar una carta de Eva a su hermana Gretl. Habían destruido todo su mundo. ¿Qué tenía para vivir? Pero sí vivió, hasta 1967.

El testamento personal de Hitler

A medianoche del 28 de abril en el Führerbunker, Hitler empezó a dictar a su secretaria Traudl Jungle: "Durante mis años de lucha, creí que no debía comprometerme en matrimonio; pero ahora mi lapso de vida está al final, he resulto tomar como esposa [a EB] que vino a esta ciudad ya sitiada, después de largos años de verdadera amistad, para unir su destino al mío. Es su deseo ir conmigo a su muerte como mi esposa. Esto compensará todo lo que no le pude dar por el trabajo en nombre de mi pueblo".

Su testamento, después de nombrar a Martin Bormann como su albacea, terminaba: "Yo y mi esposa escogimos la muerte para escapar a la desgracia de ser obligado a renunciar o rendirme. Es nuestro deseo ser incinerados de inmediato en el lugar donde llevé a cabo la mayor parte de mi trabajo durante los doce años de servicio a mi pueblo". Fueron testigos Joseph Goebbels, Martin Bormann y el coronel Nicolaus von Below, otro ayudante de campo de Hitler.

El testamento político

En contraste, el testamento político de Hitler, que presentaba una lista de los nombramientos del Führer al nuevo Gabinete y expulsaba a Göring y a Himmler, en general era una mezcla incoherente de *Mein Kampf* y su *Segundo libro*. Traudl Jungle dijo más adelante: "Pensé lo indigno que era todo. Sólo las mismas frases, en el mismo tono tranquilo y entonces, al final, esas terribles palabras sobre los judíos. Después de toda la desesperación, de todo el sufrimiento, ni una palabra de pesar, de compasión. Recuerdo pensar que nos había dejado sin nada. Una nada".

Con fecha de 29 de abril de 1945, 4 a. m., el testamento político fue atestiguado por Joseph Goebbels, Wilhelm Burgdorf, Martin Bormann y el general Hans Krebs.

Se confiaron cuatro copias de ambos documentos atestiguados a su ayudante de campo y jefe de prensa. Durante unas cuantas horas, por voluntad del testamento de Hitler, lo sucedió Paul Joseph Goebbels como canciller del Reich.

La boda en el Búnker

Hitler había pasado tiempo con Eva Braun desde octubre de 1929. Había sido su amiga leal, rara vez su amante, rara vez su confidente, pero le había dado su devoción total por casi dieciséis años. Llegó para unirse a él y, como bien sabía, para morir en el Führerbunker de Berlín. Vestida con su elegante vestido azul marino bordado con lentejuelas y zapatos de gamuza negra de Ferragamo se casó con su extraño y moribundo Führer. Se nombró a Walter Wagner, consejero municipal de Berlín, para dirigir la ceremonia civil. Eran las tres de la mañana. Los testigos fueron Goebbels y Bormann (al que Eva odiaba). Hitler y Eva declararon que eran de ascendencia aria pura y que no los afectaba ninguna enfermedad incurable que los pudiera excluir del matrimonio. Para añadir tensión al momento, Wagner firmó su nombre como "Waagner" y la novia empezó a escribir su apellido con B, luego lo tachó y firmó "Eva Hitler nacida Braun". Le siguió una recepción afligida con champaña, con pocos amigos, sin música, sin flores y quedando sólo treinta y seis horas por vivir.

Champaña en el búnker

Era inminente la muerte de Hitler. "He decidido quedarme aquí… No voy a combatir en persona. Siempre existe el riesgo de que sólo me hieran y caiga en manos de los rusos con vida. Tampoco quiero que mis enemigos deshonren mi cuerpo. He dado órdenes de que me incineren. Fraülein Braun desea partir de esta vida conmigo y le daré un tiro a Blondi [su perro] antes. Créeme, Speer, es fácil para mí terminar con mi vida. Un breve momento y estoy libre de todo, liberado de esta dolorosa existencia". Más adelante, hacia la medianoche, Eva Braun envió un ordenanza de las SS a invitar a Speer, que había sido casi un confidente con el paso de los años, para tomar una bebida con Hitler. "¿Qué tal una botella de champaña para nuestra despedida? ¿Y algunos dulces? Estoy seguro que no has comido en largo tiempo". Así que fue Moët et Chandon, con pastel y dulces, y los dos platicaron sobre Goebbels, Bormann y los rusos. A las tres de la mañana del 30 de abril, Speer dijo adiós formalmente a su Führer que tan sólo dijo: "Entonces, ¿te marchas? Bien. *Auf Wiedersehen*". Hitler se retiró a la cama a las cuatro a. m.

Más tarde ese día, después de una comida ligera, Hitler se despidió de su círculo íntimo y de los miembros del personal. Entonces él y Eva se retiraron a su estudio. En una cámara externa se agruparon los miembros de la vieja guardia... entre ellos, Bormann, Goebbels, Artur Axmann (fundador y oficial de las Juventudes Hitlerianas), el embajador Hewel, el ayudante de campo de Hitler, Otto Günsche, su ayudante de cámara Heinz Linge y su chofer Erich Kempka. Poco después, en el pequeño estudio verde y blanco, Eva Hitler aplastó y tragó su píldora de cianuro y su marido se puso la pistola Walther de 7.65 mm en la boca, mordió la cápsula, disparó y murió. *Götterdämmerung* había llegado y partido.

La muerte de Martin Bormann

Después de que los cuerpos de Hitler, Eva Braun, Goebbels y su esposa Magda (que acababa de asesinar a sus seis hijos) fueron rociados con gasolina y prendidos por guardias de las SS, se produjo una desbandada a la carrera hacia las puertas para la mayoría de los sobrevivientes. Tres de ellos, el general Hans Krebs, el general Wilhelm Burgdorf y el SS Hauptsturmführer Schedle se quedaron atrás y se dieron un tiro. Algunos escaparon, la mayor parte para ser capturados tarde o temprano; unos cuantos más, incluyendo al telefonista Rochus Jordan Misch, que todavía está vivo, Traudl Jungle y una enfermera, Erna Flegel, estuvieron entre los que se quedaron en el búnker y fueron capturados por los rusos. Martin Bormann y el médico de Hitler, Ludwig Stumpfegger, escaparon... pero no una gran distancia: llegaron hasta la estación de tren de Lehrter, se encontraron bajo el fuego ruso, los hirieron y tomaron sus cápsulas de cianuro. Sus cuerpos quedaron enterrados bajo los escombros y no los descubrieron e identificaron hasta muchos años después. Sin embargo, por décadas abundaron los rumores respecto a Bormann, con un vuelo a Sudamérica como posibilidad.

La muerte de Hitler

El 1 de mayo de 1945, en una comida política con Churchill, lord Beaverbrook, Oliver Lyttelton y otros, Jock Colville llevó la sensacional emisión de anuncia del inalámbrico nazi de que habían matado a Hitler en su puesto en la Cancillería del Reich en Berlín y que el almirante Dönitz estaba tomando su lugar. Se pensó que Hitler tal vez había estado muerto por varios días, pero el 1 de mayo era una fecha simbólica en el calendario nazi y sin duda se inventaron con cuidado las circunstancias ("combatiendo con su último aliento al bolchevismo") con la mirada puesta en el futuro mito y leyenda de Hitler. Churchill pensó que tenía todo el derecho a hacer lo que hizo.

El final del Tercer Reich

Los restos del Tercer Reich de Hitler, el gobierno de Flensberg del gran almirante Karl Dönitz, estaban escondidos en el enorme Schloss Glücksburg. A las 10 a.m. del 23 de mayo de 1945, la división británica en que sirvió el autor, la 11 Blindada, recibió la tarea de capturar a todos los miembros de este gobierno inte-

"ARENGA A LOS MUERTOS"

rino en Flensberg. El 15 y el 18 de Húsares, el Primer
Batallón de Cheshire y el Primer Batallón de Hereford
se extendieron por el Schloss. Se capturó y entregó
a Dönitz, Jodl, Speer y varios políticos menores a la
misión del general estadunidense Rooks de SHAEF
(Fuerza Expedicionaria Aliada del Cuartel Supremo).
Sólo el almirante Hans von Friedburg aplastó su ampolla de cianuro. Los soldados británicos arriaron la
bandera de guerra del Reich, elevada todos los días
en la escuela naval. Estas acciones y los juicios de los
Crímenes de Guerra de Núremberg, fueron las últimas
etapas del Tercer Reich.

Hitler el pintor (4)

En 1983, el doctor August Priesack, autoridad de
arte de Múnich, y el coleccionista estadunidense Billy
F. Price, publicaron de manera conjunta un catálogo de
las pinturas de Hitler. Muchas de las llamadas pinturas de "Hitler" son falsificaciones de un artista alemán
llamado Konrad Kujau, autor de los conocidos "diarios de Hitler".

En septiembre de 2006, una subasta de veintiún pinturas y dos bocetos atribuidos a Adolfo Hitler produjeron 118,000 libras esterlinas. Las descubrieron en 1986
en un ático de Bélgica, y fueron pintadas por Hitler
unos setenta años antes. *La Iglesia de Preux-au-Bois* se
vendió por 10,500 libras esterlinas, *Iglesia en Louvignies*
por 6,000 libras esterlinas, *Una hilera de casitas de Campo*

por 5,500 libras esterlinas y un lienzo de acuarela de dos lados que representaba un campo aéreo en un lado y un paisaje en el reverso se vendió por 3,500 libras esterlinas.

El marqués de Bath tenía una colección de treinta pinturas de Hitler en Longleat y hay otra colección en el Museo Imperial de la Guerra, en Londres. Uno de ellos está titulado: *Iglesia y pueblo de Ardoye en Flandes, verano de 1917.*

Colección de arte de Eva Braun

Con fondos obvios de Hitler, Eva Braun poseía una colección significativa de arte: paisajes de Fischbach, Baskon, Midgard, Wax, Gradl, otros de Gallegos y Franke, y retratos de Rosl, Popp y Hugo Kauffmann. Los favoritos de Eva eran una acuarela de Hitler, *La iglesia de Asam*, un retrato de Hitler por Bohnenberger y un paisaje del norte de Italia de Bamberger. Hitler le dio una pintura de la "escuela" de Titian que Mussolini le había regalado. Otros en la colección era un retrato del Führer de Knirr, un retrato de Eva de Bohnenberger, un paisaje de Rimini, algunas acuarelas antiguas de Venecia y lienzos de Tiedgen, Hoberg, Krauss y Hengeler Hilbakt. No se sabe cuál fue el destino de esta colección.

Las enormes compras de arte de Hitler

Una de las ambiciones más profundas de Hitler era planear y dotar un enorme complejo de arte con un museo en su pueblo favorito de Linz. Durante 1943 y 1944 compró unas tres mil pinturas a un costo de 150 millones de marcos del Reich. Se gastaron 8 millones de marcos del Reich más en los últimos doce meses de la guerra. A finales de 1945, las tropas estadunidenses encontraron 6,755 pinturas propiedad de Hitler en las minas de sal de Alt-Ausee, destinadas al museo de Linz.

Glosario

Deutsche Arbeitsfront (DAF) Frente Laboral Alemán.

Deutsche Arbeiter Partei (DAP) Partido Alemán de los Trabajadores en Alemania.

Einsatzgruppen ("Fuerzas de tarea", "grupos de intervención") grupos paramilitares dirigidos por las SS.

Ermächtigungsgesetz ("Ley para Aliviar la Angustia del Pueblo y el Reich") Acta Habilitante del 23 de marzo de 3 que permitió a Hitler y a su gabinete poner en vigor leyes sin la participación del *Reichstag*.

Forschungsamt (FA) Servicios de inteligencia nazis.

Plan de Cuatro Años Reformas económicas creadas por el Partido Nazi.

Freikorps ("Cuerpos Libres") organizaciones paramilitares de extrema derecha.

Gau Un distrito regional NSDAP (del Partido Nazi).

Gauleiter Líder del Partido Nazi de un Gau.

Gestapo Contracción de **Ge**heime **Sta**ats**po**lizei: "policía secreta del estado".

Kristallnacht La "Noche de los Vidrios Rotos", 9-10 de noviembre de 1938, cuando multitudes violentas atacaron los negocios judíos.

NSDAP, Nationalsozialistische Deutsche Arbeiterpartei (Partido Nacionalsocialista Alemán de los Trabajadores), mejor conocido como Partido Nazi.

Obergruppenführer ("Lider Superior de Grupo"), segundo rango más elevado en las SS.

Reich Imperio, reino.

Cancillería del Reich Oficinal del canciller alemán.

Reichsführer el rango más elevado de las SS, con un solo titular, Himmler.

Reichsleiter ("Líder del Reino") el segundo rango político más elevado del Partido Nazi, el más elevado era el Führer.

Reichstag Parlamento alemán; el edificio en que se reunía.

Schutzstaffel (SS) ("Escuadrón de protección"), una organización grande de seguridad y militar del Partido Nazi.

Sturmabteilung (SA) Sección Tormenta (de Acción) del movimiento Nacionalsocialista.

Waffen-SS ("SS Armada") el brazo de combate del Schutztaffel.

Wehrmacht ("Fuerza de defensa") las fuerzas armadas de la Alemania Nazi 1935-45.